如何成为
聊天高手

会聊天，是你在信息时代的首要能力

李溪亭——著

·北京·

内容提要

本书从如何好好说话、如何学会倾听、如何抛出恰到好处的聊天话题，以及不同场合的聊天技巧等方面进行阐述，不仅针对各种复杂的情况提出了改进人们聊天方式的应对之策，也总结了很多可以灵活执行的原则，让人们迅速提升自己的说话能力。

图书在版编目（CIP）数据

如何成为聊天高手 / 李溪亭著. -- 北京 : 中国水利水电出版社，2022.4

ISBN 978-7-5226-0569-2

Ⅰ. ①如… Ⅱ. ①李… Ⅲ. ①语言艺术－通俗读物 Ⅳ. ①H019-49

中国版本图书馆CIP数据核字(2022)第047794号

书　名	如何成为聊天高手 RUHE CHENGWEI LIAOTIAN GAOSHOU
作　者	李溪亭　著
出版发行	中国水利水电出版社 （北京市海淀区玉渊潭南路1号D座　100038） 网址：www.waterpub.com.cn E-mail：sales@mwr.gov.cn 电话：（010）68545888
经　售	北京科水图书销售有限公司 电话：（010）68545874、63202643 全国各地新华书店和相关出版物销售网点
排　版	北京水利万物传媒有限公司
印　刷	河北文扬印刷有限公司
规　格	146mm×210mm　32开本　7.75印张　192千字
版　次	2022年4月第1版　2022年4月第1次印刷
定　价	49.80元

目 录

第一章
会聊天，是社交中必不可少的能力

第二章

为什么你聊的话题进行不下去

第三章

“毒舌”并不是所谓的直性子

第四章
慢一点，聊天不是抢答

第五章
聊天达人都是倾听高手

第六章

诚心赞美他人，并不虚伪

第七章

拥有幽默感，成为受欢迎的人

第八章
你的心胸决定你的交流水平

01 第一章

会聊天，是社交中必不可少的能力

对方感兴趣，聊天才容易继续

同事陈姐是个很热心的姐姐，其实她年龄不大，但结婚生子比较早。新来的小七则是一个单身年轻女孩，没多少社会经验。

看到年轻的女生进公司，陈姐很开心，主动找她搭讪：“小七，你有没有对象啊？”

小七有些尴尬地摇摇头，陈姐继续说：“哎呀，我正好认识一个优质的男生，你要不要接触一下试试？”

小七木木地看着陈姐，脸上带着一丝礼貌的微笑，只是摆摆手说：“不用不用……”

陈姐一脸看穿的样子，言语间更加热心：“别不好意思，真的，我看你年轻漂亮，是真心想介绍的。不喜欢也没有关系，先见面聊聊。”

小七有些为难地说：“陈姐，我现在不想谈恋爱，就不要耽误人家小伙子了，是不是？”

陈姐仍旧没有感觉到小七即将爆发的心态：“哎呀，没你说得那么严重。等你和他见了面，也许就有感觉了……”

小七忍无可忍，起身便离开，临走时很严肃地说：“您的好意我心领了，但是请您以后不要再做这样的事了！”

陈姐忽然觉得很委屈，自己明明是好心，怎么还被人给凶了一顿呢？

可是这怪谁呢？聊天前一定要了解清楚对方的痛点，做好规避，而不是正好撞在对方的“枪口”之上。就好像一个人刚刚失恋，你却向她大秀恩爱。一个人从小无父无母，你却一再讲述自己的父母如何疼爱你。再或者给讨厌相亲的姑娘介绍对象……这样的聊天，本身就是在自讨没趣。见什么人说什么话，是聊天的基本要求，若是做不到，怎么可能不被人怪罪呢？

不会察言观色，完全不在乎对方的情绪变化，非要和当代年轻女生聊相亲话题，人家委婉本就是一种礼貌了，若是你继续说下去，就是在挑战对方的忍耐度。

若是你家中正好有养了三年的小猫咪意外去世，有人拿着照片让你看他们家的小猫咪，你又会如何？你还能好好地和他聊天吗？你也会觉得这人根本就不是来聊天的，是来给你添堵的，同样，你与别人聊天也是如此！

所以说，千万不要觉得自己委屈，因为你根本是自讨苦吃，谁让你哪壶不开提哪壶。

小于是一个典型的高情商女生，她有一种一开口就让人开心的能力。聊天嘛，本就是为了开心，若总是聊得吵起来那还有什么意思？

遇上小区里的阿姨，她会和对方聊一聊家长里短：“阿姨，您最近又变漂亮了啊，这是去跳舞吗？”

阿姨自然会很开心地回复：“是的，过两天我们还要去参加表演呢。”

遇见喜欢二次元的，小于则会和对方讨论二次元：“最近在看什么漫画？有什么‘新番’推荐吗？”

遇见从前的同事，小于则会问道：“最近怎么样？在哪里高就啊？有空一起出来吃串串啊。”

面对喜欢看言情剧的人，她在聊天时会询问：“有没有什么言情小说推荐啊？最近书荒得厉害呢。”

我们应该像小于一样，面对不同的人说不同的话，因为我们是去聊天的，而不是去吵架的。要学会去找每个人的兴趣点，以及避免提及对方所厌恶的点，这才是聊天的基本素质。

若是你遇见与父母不和的人，你和对方说：“你不知道，我妈今天做了超好吃的红烧排骨叫我回家吃饭，还说给我买了一套衣服。真是的，就她那个眼光，还总喜欢给我买衣服。”

你觉得这样合适吗？这不会令对方难堪吗？

若是你遇上一个保险销售员，你不想买保险，于是说：“这保险，我觉得都是骗人的。你们就和那传销似的，就喜欢骗老人和小孩……”

若你是一个想要买保险的，你觉得如何？心中是否觉得对方很过分呢？当然会，因为这根本就不是聊天的心态，分明就是故意羞辱。

聊天是为了让大家开心地交流信息的，而不是故意激怒对方。所以我们应当选取合适的话题，用合适的语气去聊天，而不是让人觉得如坐针毡。

对方喜欢听什么，你就应该聊什么。若是话题对方明显不感兴趣，你还继续，这便是自己找没趣。了解对方，询问对方，而不要急于表达自己的观点。

找对方向，明白对方感兴趣的，避开对方的雷区，摸清对方的态度，再去发表看法。聊得有趣，聊得有温度，让人觉得舒服，这才是聊天的目的。

总有一些人喜欢展示自己的优势或是以讽刺对方来表示自己懂得多，能力强，但这样只会导致聊天的局面尴尬，最后不欢而散，并让人以后再也不想与你聊天。

因此，你应当明白，在聊天的过程中，察言观色、明察秋毫都是需要的。虽然只是简单的说话，但是信息量却十分大。

不能和人硬碰硬，不要过度强调自己的喜好，或是遇到与自己观点不一致的情况就极力否决。在社交中要善于随机应变，而不是墨守成规，将自己变成万人嫌。从聊天开始，让自己蜕变，成为百变成功人士吧。

千万别小看说话这件小事

每天我们都要说话，但是有些人总是对说话的重要性毫不在意，从来不注意自己的说话方式、语气等。

曾经有一个同事，人其实不错，但是说话却十分不好听。且不说内容，她说话的语气、语调都让人很难受。每次与她说话，当和她想法一致时她会激动地提高分贝。而当和她想法不一致时，她会将分贝提高到完全盖过你，并向你发出连环炮般的质问，一直到逼你走开，仍然还会在背后狠狠地吐槽你。

有一次，我们一起网购了一双鞋，货到之后她觉得质量不太好，想让我帮她退了。可是她没有给我预留充足的退货时间，只要看到我便会问“为什么还没退？”或是气冲冲地说“怎么这么慢？”说话的时候还会站在我的边上，声音震耳欲聋，每次都吓得我不敢说话。

可是她丝毫没有察觉自己说话声音大。

偶尔我也会说：“你说话声音小点，说话不要那么冲……”

她则会白我一眼，并毫不在意地说：“我说话有什么问题？我哪句话有问题？”

另外有一次，一位同事与她讨论工作相关问题，她却用河东狮吼般的音量与咄咄逼人的语气，将人逼得节节败退。其中还会掺杂着逼问式的话语，“这种事为什么要问我？”“你不比我专业吗？”“总来问我？那要你干什么？”

而同事们都不太喜欢与她说话，这就是原因所在。其实她骨子里是一个很大方而又善良的人，却因为不会说话让人不想了解她，甚至自动远离她。

说话这件事本身确实是一件很平常的事，可正是因为如此，才更加能决定你的成败。虽然我们都是普通人，你或许会觉得无所谓。既不需要上演讲台去面对大众，也不需要参与高级活动。但是，不要忘记，说话也是一种技能，一种非常基本的技能。

一个说话好听的人和一个说话让你觉得不舒服的人，你会选择与谁交朋友呢？如果我的这位同事可以放低声音，换种说话的语气或是改变说辞，大家自然也不会这么排斥她，不是吗？

如果她问我退货时用柔和的语气：“鞋子退了吗？”而不是用大如洪钟般的声音质问我，那么我一定不会觉得反感。如果她与同事讨论时，可以将声音放小一点，并提示同事“这个问题不在我的知识范围内，我不是很了解，你是专业人士，应当比我清楚吧”，而不是歇斯底里地与同事大吵一场，导致不知道此事的其他同事以为他们要打架，那么问题早就解决了。实际上，她并没有生气，只是不会说话罢了。

说话这件事不仅包括说话的内容，还包括语气、语调甚至分贝，以及面部表情、肢体语言，等等。许多时候你换一个语气，同样的词语便成了两个不同的意思，对于听的那个人，便可能读成两种完全相反的意思。

不要小看说话这件平常的事，话说得好，事也就好办；而如果话说得不好，事情则会难办！

小金是一个性格开朗、讨人喜欢的姑娘，她深深知道说话的魅力，无论对谁都会好好说话。

有一次在办公室，一位同事不小心将她新买的一盆绿萝撞倒，玻璃碎了一地。同事十分慌张地伸手就去捡碎片，小金面带笑容蹲下制止他，同时用有些担忧的语气说：“别用手捡，我拿扫把来。千万不要用手啊，万一手被划伤了，不值得。”

同事十分抱歉地说：“对不起，我真的是不小心。”

小金只是摇摇头笑道：“这怎么能怪你呢？都怪我放的位置不好啊，才会影响到大家从这里路过。再说了，只是一盆绿萝而已嘛，还可以再买的，不要在意啦。”

同事为此专门赔了她一盆绿萝，感觉是因为自己的莽撞才弄碎了小金的绿萝。可是小金却没有指责他，反而让他放宽心，于是让他对此更加愧疚。

面对男朋友，小金也是如此。一天在家做饭，男朋友择的菜太长，没有办法下锅炒。小金没有指责他，而是柔声地说：“宝贝，今天择的菜不太好炒哦。”

男朋友略带疑惑地问：“怎么了？”

小金用筷子夹起一根菜说：“你看啊，太长了嘛，根本炒不动啊。下次可不可以择短一点呀。”

男朋友有些不好意思地说：“没问题，没问题。”

我们所说的成功人士，不仅是全球知名的人，每一个与身边所有的人都相处很好的人，他同样也是成功的。

如果小金气哼哼地指责同事：“喂，你怎么搞的？走路不会看着点吗？”同事定然不会感到抱歉，反而会觉得自己很无辜，甚至可能会为此与小金斗嘴。

但是小金说话很有技巧，通过柔和的语气、平缓的语调，面带笑容的表情，以及丝毫不指责对方的说话内容，将大事化小、小事化了。并且还不忘担心对方，同时责怪自己放置的位置不对。让同事感到很暖心，并觉得对此有些不好意思。

面对男朋友将菜择的不合适，她同样可以大发脾气："你这弄得是什么？这么长怎么下锅？"但同样，她没有选择用这样的语气，而是带点撒娇的口吻将问题带出来，并将问题抛还给男朋友，请求对方可不可以下次注意，效果却远远比直接指责更好。

说话的时候，一定要注意自己的语气、语调、内容和方向。很多时候，不是你嗓门越大、越凶、越咄咄逼人才越显示出你有气势，对方便会甘愿认错。相反，你换位思考一下，若是有人如此对你，你又会如何？所以，请你注意你的语气、语调，还有说话的内容。不要总是指责对方，或是咄咄逼人，弄得别人害怕你，甚至讨厌你。

说话是一件看似很小，但影响很大的事。如果你将它忽略，你一定会因此吃它带来的苦。

说话时，不要用巨大的分贝来证明自己的存在感，或是表明你的气势。毕竟真正的气势从来不是靠声音的分贝，那不过是虚张声势罢了！

还应注意说话的语调，一定要尽量柔和，让人听起来舒服，否则只会让你看起来不容易相处。

成功的人都讲究说话的艺术，如果你也想成为一个成功的人，那么就请从学会说话开始提升自己！

嘴巴甜一点，朋友多一点

朋友聚会上，有位朋友穿着工装便跑来了，头发上还能闻到一股许久没有洗的味道，身上的汗味也有些大。一进门便十分抱歉地说："不好意思，昨天在公司忙了个通宵，实在没时间回去打扮，还望大家海涵。"

小木撇了撇嘴，一脸嫌弃地说："啧，你这个样子就不要来了啊，臭死了。这饭菜都被你熏臭了……"

眼见这位朋友很尴尬，走也不是，留也不是，小路立马笑嘻嘻地说："你迟到了，先自罚三杯！先清醒清醒，提提神！快点，是朋友就赶紧喝！"

朋友立刻笑着接过杯子一口干掉，让刚才的尴尬得以缓解。

聚会上，另外一位女性朋友走过来给小木敬酒，小木忽然捏了捏鼻子："我的天，你在身上喷了什么？这么浓？妈呀，熏死我了，真是搞不懂你们女生，把脸涂得和墙一样白，然后还得再涂上各种颜色，真是闲的！”

小木的话使得旁人脸色都十分难看，尤其是这位女性朋友，想要发怒，却又碍于是朋友而没有发作！可小木仍旧不知自己有错，挑剔道：“还有，你们这打扮我也看不懂，上身是毛衣，下身是短裙，像个什么样子？”

后来，所有的朋友聚会，大家似乎都约定俗成地，不再叫小木参与。

聚会本来就是为了快乐，而小木却总是说那些难听的话让人尴尬，更让原本轻快的气氛变得紧张。

女生化妆、喷香水代表对这次聚会的重视，而她们的穿着搭配，更是属于私人选择，谁也没有资格妄加评论。至于通宵工作后赶来的朋友，那么辛苦还要赶来，不正是对这次聚会的上心之举吗？

小木面对大家的用心出言调侃、嫌弃，甚至用难听的话来形容别人的穿搭。你不喜欢朋友的香水味儿，可以委婉地说：“哎呀，你今天这喷的是什么香水呀？香味很浓郁呢。”

你觉得朋友穿着工装就来了，还浑身有着汗味，你可以说得好听点：“你瞧瞧你，我们又不是不等你，你回家打扮一下再来多好，一副工作狂的样子，这哪有女生敢向你表白呀！”

如果你看不懂女生的穿搭，不妨用请教的方式询问："你们怎么能将毛衣与短裙穿得这么协调呢？混搭看起来毫无违和感啊，哈哈哈。"

换一个方式有何难？为何你就这么偏执呢？一定要用那么尖酸刻薄的语气话语抨击自己的朋友，这样的话谁愿意与你当朋友呢？

说话难听，同样也会反映出你的人品。如何说话，大家就会相应地判断你的人品，所以一定要好好说话，不要总是让人不自在，从语言上给人造成创伤。

有一个朋友小甜，她说话总能让人很舒服。第一次接触她时，我没有太多感觉。但是在往后的交流中就越来越想和她做朋友，只因为相处让人太舒适。

她最大的特点就是说话好听，声音甜甜的，给人一种吃了蜜一般的感觉。我记得《致青春》中有一个片段，女主角违规用电器导致跳闸。她去找宿管大爷求情，却一直求而不得，最后气急败坏。直到阮莞来了之后，只是随便一句话便让大爷放行。她柔声说："我们已经知道错了，保证以后再也不会用啦。"

相比而言，女主角却有一种兴师问罪的架势，好似在逼迫大爷放过自己。

小甜是和阮莞一样的姑娘，嘴角总是挂着微笑，说话软软甜甜。无论对方说什么，她都不会随意发火，总是让人觉得甜到心坎。

比如，有一次，她的一位朋友因为小甜迟到了几分钟而大发脾气："你怎么还像个大小姐一样，慢死了，知道我等了你多久吗？"

小甜没有因此恼怒，而是柔声地道歉："真是不好意思啊，今天就让我这个灰姑娘当一回公主呗，下次你来当公主呀。"

朋友本来怒火冲天，却被她的样子与话语给逗笑了："是，甜甜公主。"

很多时候，本来事情很小，却因为一些话让小事变大。原本是一些芝麻绿豆的事情，却总有一些人去责怪对方，甚至埋怨。更为严重的时候，还会变本加厉地讽刺、挖苦，甚至会揭人短，到最后影响了双方的关系。

可是我们这辈子能遇上多少人，又能与多少人成为朋友。如果因为说话太刻毒，或是说话难听而与朋友走散，这样的结果是否值得呢？

所以嘴巴要甜一点，不要总是与对方抬杠，如果在话语中总能让对方一分，会让朋友的关系更加亲密。就好比小甜迟到这件事，如果换作一个不会说话的人，可能会指责朋友："我才迟到几分钟？你就在这儿嚷嚷？上次我们去步行街，我等了你足足半个小时。如果我是大小姐，你恐怕是祖宗吧？”

这样的话语一旦说出口，这份友情便有了裂痕。即便以后修补好，留下的影响也很难彻底消除。

与人交往时，说话不要怼人，不要与人比较谁更厉害。而是要学会服软，学会柔声细语，半开玩笑半认真地将尴尬消解掉。

人生不是战场，不需要一决高下。同样，说话不是吵架，而是为了广交朋友，为了方便你达到某个目的，为了获取一个信息，甚至可能就是为了闲聊打发时间。但是无论哪一种，都是我们生活的一部分，谁也避不开，所以说话这件事就变得更加重要。

职场离不开你那张巧嘴

小A刚刚入职一家新公司，想要通过聊天和大家处好关系，却处处说错话。比如，她还没有弄清楚木姐是谁，便对同事们说："我今天早上看到木姐坐老板的车上班，她有什么背景？"

此话一出，无一人敢搭腔。大家都假装没有听到，坐在办公桌前认真工作，丝毫不理会小A。对此小A还很是苦恼，"为什么我这样找话题，他们都不搭理我？"

有一次，同事的儿子将小A的铅笔不小心拿走了，她却忽然大声询问："谁偷了我的笔？"

小A的年龄比较小，又刚刚进公司，听到有人叫比自己年长的同事"老李"，她也跟着叫，因此遭了许多人的白眼，对此她却丝毫不知情。

与同事有分歧时，她又过于锱铢必较。同事点出她的方案有问题，她便不过脑子地直接怼回去："我的方案绝对没有问题，你们提出问题只能说你们的理解有问题。你们根本没有搞明白我在说什么。"从此，同事也不敢再对她的任何事点评，因为害怕她的"炮语连珠"。

有的人喜欢在公司里评论上司，或是整个公司的管理体系。而且这些评论十有八九都是在吐槽。这样的话语，传到领导耳朵里，职场之路只会变得更加艰难。

像小A这样的，可以说非常缺少职场交际能力。靠话题来闲聊打好关系，出发点是好的。可是她却用老板的是非来开头，这样的话，谁敢随便乱说？而且还问别人的背景这样敏感的话题，哪怕你不知道而很想知道，也应当这样说："我今早看到木姐从老板的车上下来，原来她是老板的亲戚？"

实际上，像这样敏感的话题，最好是弄清楚公司的人物关系再来提问，否则注定会吃哑巴亏。而像铅笔这样的小事，小A完全可以问大家："有谁看到我的笔了吗？"用这样一种询问的态度，自然会有人帮助你。但你用质问的语气，又用"偷"字，谁会回答你呢？

称呼也同样是一个很重要的信息，不是所有的称呼谁都可以叫的。人有年老与年轻，资历有深有浅，关系有亲有近。不要随便叫人的外号，更不要随便给人取外号，否则，只会招人嫌。

职场就好像一个大的炼化厂，需要在其中不断修炼自己。说话也一样，有些话可以说，有些话不可以说，都需要注意。毕竟每个人都有脾气与性格，不是人人都要忍耐你的一切，如果不能与同事、上司打好关系，你工作能力再强，也可能会因为不会说话而与晋升无缘。

与小A相比，小B则是一个左右逢源的人，在公司中混得如鱼得水。

两个同事一起走过来，其中一个在小B面前转了一个圈，满脸期待地问："我的新衣服怎么样？"

小B觉得那件衣服真的不太好看，同事皮肤偏黄，而那件衣服颜色偏粉，显得人更黑。但是同事满脸期待，一起来的另外一位立刻说："我觉得一点儿也不好看，她非要拉着我过来问你，你觉得呢？"

面对如此局面，小B若是没有说好话，便会两边不是人，于是笑着说："嗯，这件衣服嘛，我觉得还行吧。"

这句话不偏不倚，也没有太违背自己的良心，属于中庸的选择。

面对上司，小B也与其他同事不一样。她并不惧怕上司，说话时也同样礼貌中带有一定的亲切感。开会时，上司的观点小B不赞成。于是她等到上司讲完之后举手："领导，我可以提点不太成熟的意见吗？”

上司只好让她发言，于是她先是肯定上司的方案，而后列举存在的风险，再给出针对风险的解决方法。这样上司非但不觉得她过分，反而觉得她说得很对，并进行鼓励。

其实说话很简单，多关注对方的态度，多考虑对方的境地，如此，便是我们常说的换位思考，这个锦囊在哪都是实用的。

小B如果在评论同事衣服时说“不好看”，那势必会伤害同事。而如果她说，“很好看啊”，也同样重伤另外一个，就好像是在说对方没有眼光一样。这个时候折中是最好的处理方法，便是“还行”。

面对上司，许多人都会害怕，以致有疑问也不敢提。或者提的时候太过自傲，一点也不圆滑，“领导你错了！”“领导，你的方案不好！”“领导，我的方案比你的好！”无论哪一种说法，都不够恰当，既失分寸，又没礼貌。

既然是开会，谁都可以提出意见，但是不能直接明了地指出对方的不好。领导也需要面子不是吗？所以，要先肯定对方，便是用赞美的方式，再将其中的风险说出来。从而引申出你自己的方案，而不是一上来便推翻别人，即便这个人是同事也不可以。

对于同事，我们要少说闲话，更不要造谣生事。用词不要恶毒，即便是好奇也应当用询问的方式，不要把话说得太绝。应当用“发生了什么”的方式，等待别人的回答。说话要多用赞美的方式，有分歧不要直言指责，先赞美再说出不足。

面对上司，要有礼貌，要注意用词，不要质问对方，也不要用否定陈述句。但是该拒绝的同样也需要拒绝，该提出的疑问同样不能省略。

开玩笑要有度，不要拿别人的家人或是敏感点开玩笑，比如面对父母离异的同事，就不要去拿人家父母的事开玩笑。不要在对方的伤口上撒盐，而是要尽量柔和，让交流变得更加和谐。

人走到哪里都需要说话，千万不要让不会说话毁了你的职场！

语言技能也是高情商的一种表现

小唯是个很聪明的年轻人，学历高，长相也不错，家境也十分好。唯独一张嘴不会说话，因此得罪了不少人。

第一次在朋友聚会上见到小曲的时候，小唯便觉得小曲十分活跃，也和自己志趣相投。于是上前搭讪，想要跟他成为朋友。可是他不会找话题，恰巧看到小曲的头发显得有些不自然，于是无心地打趣道："小曲，你的头发怎么歪了？"

话音刚落，所有人都注视着小曲的头发，直接导致小曲离开。原来小曲由于家族遗传过早秃顶，他戴的是假发，可是谁愿意在公开场合被人发现自己是秃顶呢?

小唯很是不懂，甚至追上去问："你怎么了？我只是说你的发型很别致啊？"

小曲没有理会小唯，只是匆匆地离开了聚会现场，从此再见到小唯，也假装不认识。

也许小唯是一个在技术上很厉害的工程师，但是在人际交往上，他是一个不太合格的人。

就好像你的脸上长了青春痘，唯恐被人发现。小唯则是那个一定会盯着你的青春痘，并刨根问底的人。而最可怕的是，这一切都是出于无心。

情商与智商一直相提并论，但比起智商，其实高情商的人更受欢迎，也更能走得长远。智商很多时候是没有办法提升与改变的，但是情商可以通过你后天的努力而改变。说话则是情商的一种表现形式，一个低情商的人一说话便能看得出来。

有些事无论你是故意还是无意，话一说出口，便覆水难收。常言道，说出去的话泼出去的水。低情商不是傻萌，不是可爱，而是一种让人厌恶的存在。

而一个低情商的人，也很难与人交流。或许你真的不是这个意思，但是你词不达意，最后弄巧成拙。听的人听不出你的好意，也听不出你想要搭讪，反而觉得你是来找碴儿的。

正如小唯一般，话一出口，就像是来拆台的。

有些人说话十分悦耳，即便是拒绝都能说得让你心悦诚服，小林便是这样的一个人。

生活中难免会有人找他帮忙做许多事，比如有一位朋友想要请他帮忙搬家。尽管小林平时很乐于助人，但是他觉得这位朋友拿麻烦别人不当回事儿，他已经有些厌烦了。

于是小林回复对方：“兄弟，不瞒你说，最近因为和你待久了，我女朋友都不乐意了。说我都快把你当我媳妇了，我早就答应她明天带她去公园。没办法啊，实在对不住，我已经很久没有好好花时间陪她了。”

朋友也无法反驳，只好说：“那就不打扰你陪女朋友啦，好好哄哄她。”

还有一次，朋友们叫小林去吃饭。小林知道这帮名义上称为朋友的人其实根本算不上朋友，每次都把他当“冤大头”。他不傻，自然不会让这种情况一直这样持续下去。

所以小林拒绝道：“今晚真的不行啊，我妈叫我回家吃饭。说她最近总是梦到我，我又不在她身边，想我了。你们肯定不想让我成为不孝子，对不对？”

最好的拒绝是不伤和气，不生硬，也不发脾气，委婉又不失礼貌，小林便是如此。

我们总说高情商，其实说话好坏就是情商高低最明显的表现。拒绝、交谈、搭讪等都能表现出一个人的情商。

拒绝人的时候，不能太直白，尽量不要太生硬。无论对方的要求是否过分，生硬的回答一定会伤害两人的关系。

而这时，如果你幽默一点、委婉一点，有理有据地拒绝对方，则不会让关系太尴尬。比如，开玩笑说："啊，我那天要去相亲啊，真的没法去。"或是像小林一样，以不失礼貌、不让对方尴尬的方式进行拒绝。

交谈时，则需要亲和一些，尽量找到对方所喜欢的话题。千万不要哪壶不开提哪壶，比如"非常好心"地指出人身上的瑕疵，头上的头皮屑。看似十分贴心，实际上是使对方更尴尬。

无论是与谁说话，都要注意分寸。对长辈则必须要尊敬，不能目无尊长、口出狂言。面对领导，即便是有异议也应该不让对方有失尊严。我们说话的时候，一定要顾及对方的面子，不能说话太过火，更不能得寸进尺。

比如，当一对情侣吵架的时候，女生说："你就是个吃软饭的，你凭什么这样说我？"此话一出，就算两人的关系再好，都可能会破裂，因为说话伤及自尊了。如果你委婉一点，"男子汉大丈夫应当闯荡天下，站在塔尖，让我仰望。"这样，至少从面子上不会伤及对方。

面对第一次见面的或是不太熟的，说话更要注意分寸。既不能套近乎，也不能拒人于千里之外，而应该礼貌有距离地进行话题交谈。比如有人见你第一句话便是："你是我的学长呢。"不知道你第一个反应是什么，尤其是当你们的关系涉及经济利益的时候，这种话明显就是在套近乎。此时说此话并不会让对方觉得你亲近，反而会使人有了防范之心。

如果你想要提高情商，就请从说话开始，注意自己的一言一行。无论是聊天还是拒绝别人的请求，都要尽量考虑对方，有分寸地去说该说的话！

否则，你便会没有朋友，成为一个孤独的人！而这一切，都可能只是因为你不会说话！

出门一张嘴，初次印象全靠它

有一天，我和朋友去橘子洲头看烟花，江边人特别多，大家都在拿着手机拍摄。

这时忽然有一个背着双肩包的中年男子拍了拍朋友的肩膀："美女，能帮我拍一张照片吗？"这其实没什么，是一件很正常的事，朋友欣然答应。

让朋友没想到的是，拍完照后，这名男子又对朋友说："能再帮我录一段视频吗？"朋友有些尴尬，最后还是帮他录了视频。视频中他一边指着烟花，一边面对镜头解说。

时间马上就要到晚上八点五十了，那是最后一轮烟花绽放的时间，朋友心想总算可以结束拍摄，安心看最后一轮烟花时，那个中年男子竟然再次提出要求："最后一轮烟花，你再帮我录一段视频吧。"朋友有心拒绝，他却继续说："只是一段视频而已，相信这么个小忙，美女一定可以帮的。”朋友无奈，只好答应。一直到烟花全部放完，他才终于对朋友说：“可以了，谢谢。”

朋友此次来长沙是专门来看烟花的，可她却被这个人影响，错过了她一直渴望欣赏的烟花秀。

这本来已经让朋友懊恼不已了，此人却又做出了让朋友更加不舒服的举动。他忽然挤过人群，走到朋友身边，轻轻拍着朋友肩膀，对她说：“走，走，我们也快点往前走吧！”

朋友笑着拒绝：“不了，我们在等人。”这才终于摆脱了这个有些无理的人。

出门在外与人聊天、沟通是难免的。但是凡事都需要有一个度，无论是求助，还是与人相处。

本是素不相识的人，帮忙拍一张照片，或许大家都可以接受。但如果得寸进尺，一而再再而三地让人帮忙，并且举止不注意分寸，这就不太合适了。

或许你会说，这有什么不合适？聊着聊着不就熟了，我天生自来熟不可以吗？那么，你是否有观察对方想不想与你攀谈？也许你说的话、做的事本身没问题，但是你是否考虑到对方是两个女生呢？

更何况这位男子的要求本来就有些过分，语气更是有一种与你本来相熟的感觉。所以，与其说他是想找个伴同行，不如说是想找一个摄影师，这会让人下意识地和他保持距离。

哪怕只是一面之缘，我们也都会希望给人留下好印象，所以说话需要注意尺度。

心中有尺度，要学会察言观色，更要注意在外面与陌生人交流中的言行举止，因为你的初次形象就是这样留在人的心中的。若是让人在最开始便不自觉地远离你，即便你为人其实很不错，也会让你错过与人进一步相识的机会。

在朋友小方的生日聚会上，小A与另外一个不认识的女生坐在一起。两人干坐着似乎有些尴尬，可是小A又不知道可以聊些什么，更尴尬的是对方也没有任何想开口的意思。

思考了片刻，小A轻轻推了推女生的手臂，笑嘻嘻地说："东西挺好吃的，你也尝尝？"

女生面无表情地看着她，只是默默接过她手上的小蛋糕说："谢谢。"

小A感觉有些尴尬，于是换了个话题："今天天气不错哦，我穿着裙子都不冷。"

女生看着小A有些拘谨又有些傻傻的样子忽然笑出声来："你很有意思嘛，我是小方以前的同学，你呢？"

小A咧着嘴笑："我是她现在的同事，你长得真好看，身材也很棒，感觉好像行走的衣架子……"

女生完全没有了刚开始的高冷，拉着小A说："还好你性格活泼，我是真不知道怎么开口，不然这个聚会我都不知道要怎么熬过去了。"

小A挠挠头说："嘿嘿，其实刚开始我也很紧张啊，怕你不理我，那我多尴尬啊。可是有个这么好看的小姐姐坐在边上，我又忍不住想搭讪一下，哈哈。"

女生则捂着嘴乐呵呵地看着小A，后来两人成了很好的朋友，一个热、一个冷，温度搭配刚刚好。

与陌生人刚开始交流，语言的巧妙很重要。小A是一个很聪明的姑娘，她知道怎么照顾一位陌生人的情绪。所以用一些常规话语进行搭讪，并称赞对方，让对方不再那么紧张、那么反感。

当然，夸赞也不能太虚，比如直截了当地说："哇，你真棒！"像这样的话语，除了让人觉得浮夸、虚伪没有别的感觉。夸赞时，最好指定到某一个方面，并且要合理。一个很胖的人，你却硬去夸赞她："你好瘦啊！"这样就是不合理的，你应当说："这身衣服你穿着真好看啊，是在哪里买的呀。"或者夸赞别的方面，比如，"你真厉害，居然能把这段历史讲得这么详细"。

与人相处不用强行装作很熟的样子，这样会让人觉得你没有分寸。比如，那位找人照相、拍视频的男士，就是和陌生人之间没有保持适当的距离。把自己的要求变得很理所当然，完全没意识到这是在麻烦陌生人。

一般在这种时候，适当的礼貌和距离是语言表达中必须有的。比如，“您方便帮我录一段吗？”“我想去杜甫江阁附近录像，没有人和我一起，您是也要往那个方向走吗？”

当你不知道如何缓解陌生的尴尬，那么微笑是最好的解决办法。就好像小Ａ一样，用甚至是有些傻乎乎的笑容，把气氛活跃起来，使人感觉更加亲切，自然少了陌生感。

用常规话语进行搭讪，说话要适当地夸赞对方，同时可以用微笑增加亲切感，但是也要与人保持距离感。

出门在外与一个陌生人交流，如果你不能把话说得漂亮，将距离保持得刚刚好，那么这一场交谈注定是失败的。

要么你会吃闭门羹，要么你会被人拉入黑名单，有的甚至会从此离你远远的。而这些都不是你的目的，所以，与陌生人聊天请一定要注意你说的话、你的肢体动作，以及神情语气。

02 第二章
为什么你聊的话题进行不下去

又被女生拉黑了？请你自省

我出版第一本书时，在微信朋友圈里发布了新书的宣传和购买链接。不一会儿，有个男生私信我："我看到你的书了，你真厉害。"

男生是我的一家合作公司的员工，我和他并不熟悉，出于礼貌，我只简单地回复了一句"谢谢"。

男生并没有就此结束话题，而是再次问我："你能把你的第一本书送给我吗？"

对此，我只好说："感谢喜欢，新书已经上市了，欢迎多多支持。样书我还没拿到，可能没办法送你。"

然而，男生让人尴尬的操作却在后面，他说："我说的是印刷厂印刷出来的第一本书！"

在并不熟悉的情况下，先是要求我送书，接着又提出如此令人尴尬的要求，如果他不是合作方，恐怕当场就会被我拉黑，毕竟我也想不到更好的方式化解尴尬。

异性之间聊天时的尬聊与尬撩，最容易被对方拉黑。

我曾经有个同事，是做销售的，给人的感觉便是油腔滑调，不太靠谱。我与他不熟，可他总能说着“此生非你不娶”之类的话语，这样的尬撩，很容易让人误会为骚扰。

所以说，如果你不会好好聊天，即便你心中有想要表达的感情，也最好不要强撩。聊与撩都是需要技巧的，当关系并不熟络时，你的所有暧昧语气和不合时宜的话语都容易被对方定义为骚扰。

由此而来，不拉黑你，拉黑谁？

当然并不是所有的男生都这样，也有会说话的男生。

有一次，朋友很开心地和我说：“终于找到一个说话舒服的男生了！”然后她将一部分聊天记录给我看，果不其然，男生的说话很顾及女生的情绪，所说的话题也都比较舒服。

他没有像一般的男生那样，上来就要求女生必须将自己的照片传给他，也没有将话题弄得严肃和尴尬，以至于女生无法回应。他知道女生生性比较敏感，所以便用语气词、表情包来缓解聊天的尴尬。

那时正好是世界杯期间，朋友喜欢梅西，正好谈论到足球之时，朋友说："梅西真的是太厉害了，但是我感觉这次他们的胜算很低。"

朋友以前遇到的男生，很多时候都会鄙视她，说她一个女孩子只是看球员的颜值，哪懂什么足球，而这个男生并不是这样的。他回复了一个很愉悦的表情包，并说："你也看世界杯吗？梅西确实很厉害，我也很喜欢呢。这次你最看好哪支球队啊？"

在回答女生问题的同时，又肯定了女生的喜好，同时还抛出另一个话题让聊天继续。

有的男生说话语气总是很生硬、苍白，从而让人觉得无趣又强硬。像上面的例子中，男生用到了"吗""呢""啊"这样的语气词，便很简单而又灵活地调节了对话气氛。

话题是聊天中的另一个大问题，当你不确定话题方向时，可以询问女生的兴趣，再找合适的话题。若是你感兴趣而对方无感的话题，你一人自言自语、自导自演地强塞给对方，那对方自然无法给予你相应的回应。

其实话题不对也是常有的事，但你如果能及时察觉到对方的情绪变化，也不会使聊天被迫终止。

就好似当女生对你的话题回复，"哦""嗯嗯""……"甚至有些厌烦，并企图结束话题时，你就应该要察觉到问题所在，并迅速做出反应，转变新的聊天方向，或抛出问题让对方选择话题方向。

而比这些更重要的便是用词。聊天时的用词不能过分暧昧，不能强行要求对方做什么，更不应该使用给人施压的词汇。当你喜欢一个女生，想要了解对方时，可以去寻求一个话题点，说话轻柔却不暧昧。要有关心，但肯定不能只是一句“多喝热水”。

可见，语气、方式、话题、表情包、语调都至关重要，并且要时刻观察对方的情绪，及时做出调整，这样才能将聊天顺利进行下去。

当然，表情包也一样不能乱用，粗俗、恶俗等表情包就不要再用啦，除非你想让聊天还没有开始便结束。

聊天本就是一门艺术，当你面对介绍的对象或者你心中的女神时，这门艺术就变得更加重要。若因为你不会说话，惨遭拉黑，让一段感情还未开始便结束，这该有多可惜。哪怕你的本意并非如此，只是紧张或者不会找话题，可这足以让你失去给对方一个好的第一印象的机会。

当遇到被拉黑的情况时，先不要抱怨或者怪罪对方，先进行自省，分析一下为何你会被拉黑。

无心之过，才是最大的问题

我曾有个关系很好的朋友，可后来经历了一些事之后，我便渐渐和她少了来往。

这位朋友曾和我抱怨，为什么很多和她关系不错的朋友，都渐渐地不再和她联系了。最初听到这样的话时，我想或许只是她们三观不一致，认为这并不是什么大问题。

可在后来我和她的交往中，我逐渐发现，之所以会出现这样的结果，至少她自身也是存在一定问题的。因为她真的不太会和人聊天。

有一次，我给她发消息说："漫画被砍了，我写的存稿全部白费了……"而她回复我的却是："这是你应该承担的风险，怪不得别人！"其实，她说的没错，可是作为朋友，她这样回复我的倾诉，让我确实有些难受。

她总和我抱怨，公司里有个女生总是针对她，暗地里对她各种使绊儿。关于这件事，她诉说了许多内心的愤怒与自己的无辜，以及对方的无理取闹。

我也给她“灌”了不少鸡汤，告诉她不要生气，可无论如何也平复不了她的愤懑。到后来，我只好顺着她说：“那你就当她比较可怜嘛，她的世界没有理想，只有坑你这些事，人生本就很无聊了。既然你有目标，又何必与她计较。”

没想到的是，她竟然回复我：“真想不到你有时候也挺恶毒的。”

也正是在那一瞬间，我突然明白了，那些远离她的朋友并没有错，因为问题出在她自己身上。遗憾的是，她还没意识到。

或许她并没有什么恶意，但是她的话对听者来说，却是让人尴尬而又不舒服的。

有时候我们和人聊天，聊着聊着，对方便不再理你，你想破脑袋也不知道问题出在哪里。到最后，你身边的朋友也都渐渐远离你，朋友变成陌生人。剩下你一个人之后，你又开始抱怨生活对你的不公，觉得全世界都与你为敌。

可你却从来没有反思、审视过自己，或许正是你在与人聊天时说错了什么，才会导致这样的结果。

我们在生活中总会听到类似的话语，“我不是故意的”“我不知道会弄成这样”“我什么也没有做啊”。然而，无心之语就真的因为无心而不需要为此付出代价、承担责任吗？

大家都知道坏脾气男孩与钉子的故事，并在最后告诉众人，即便将错误抹去，可钉子留下的痕迹依旧在。同样，当你无心说出伤人的话之时，给人带来的伤害也是抹不去的。

玩笑本是聊天中的一味调料，能让本来无趣的话题变得有趣。可玩笑也不是随便可以说的，如果你完全不顾虑对方，而无心惹出一个大祸，将会面临无法收场的困境。

朋友曾跟我讲过一个例子，一个朋友家里生二胎之时，邻居对朋友的大儿子说：“你爸妈不要你了，他们有妹妹了！”

可这句看似玩笑的话，却令这家的大儿子耿耿于怀，因此经常欺负妹妹，而妹妹的哭闹，则引起父母对大儿子的不满。

有些玩笑不能开，有些话不能说，不能用无心之过给自己找借口。比如，不能对别人新入手的衣服说丑，不能怀疑新婚夫妇的钻戒是假的，等等。有的话可以说，而有的说了便是在别人的心里留下一辈子的心结。

就好像我与这位朋友，我本意只是想告诉她有这么个事，因为那本漫画是从她那里接过来的续写。而她敷衍的态度与不屑一顾的话语，让我尴尬之余还有些不舒服。后来，又在我安慰她时，她反过头来责怪我恶毒，彻底让我无法与她再聊下去。于是，我也很久没有找她聊天了，跟她说话也变得礼貌起来，显然，两颗心的距离变远了。

所以在与人聊天之中，首先，就需要管住自己的嘴，不要冲动地说出伤人的话。其次，是要看清对方的情绪，不要丝毫不顾及对方。最后，自然是要看清楚利害关系，不要随便开玩笑。

有时候，虽然你是无心，可听者却有意。这并不是说对方是斤斤计较之人，而是你说的话有可能踩到雷区。而话语给对方什么感受，结果将直接决定你们之间的关系会如何发展。

所以当你说话之时，需要注意这些细节，切不能图一时口舌之快。一旦你说了无心之话，感受到了对方情绪的变化，无论对方是否会原谅你，一定要及时真诚地道歉。

会不会聊天是人际关系中的关键因素，不要因为你的无心之语伤了你朋友的心，同时让自己陷入两难的处境。管住自己的嘴，关注对方的情绪，注意场合，不要随意乱开玩笑，否则容易无意伤人。

谨记：请不要把无心之语，当作你得罪人、伤害人的理由。

发“在吗”不如直接说重点

小兵用微信和别人沟通时，很喜欢发“在吗”。有一次，他跟客户了解情况时，也是习惯性地发出一句“在吗”。

对方过了几乎两个小时才看到信息，然后回复道：“不好意思，刚刚正在忙，有什么事吗？”

过了许久，小兵回复道：“哦，这会儿在吗？我有件事想和你说一下。”

如此往复，一天的时间便在一句又一句的“在吗”中消逝，最后对方有些不耐烦地问道：“您能直接说事吗？我看到后直接回复。”

对此小兵还很不开心：“我这不是为了礼貌吗？确认人在，再说话不是更好吗？”

和其他人聊天，小兵也是如此。家里通过微信给他介绍了一个相亲对象，他与女生聊天的第一句也是："你好，在吗？"

女生刚开始很礼貌地回复："你好，在。"

有一次他想要约女生出来，于是同往常一样发送了那句标志性的开头语："在吗？"

女生过了一阵子回复："怎么了？"

小兵问对方："你周末有时间吗？"

女生很干脆地拒绝道："没有，我刚刚和朋友约好了出去逛街。"

对此小兵感到很郁闷，为什么女生对他如此冷漠，甚至还有些不耐烦呢？

聊天本身就是为了交换信息，而小兵无论是与同事工作交流，还是跟朋友闲聊，他的重点总是在那句"在吗"上，而忽略了对话本身的重点。

或许你会觉得这是礼貌，甚至觉得这根本不算不会说话，只是一种个人习惯。但是你应该明白，当一个人和你说话时，更加希望有实质的内容。如果对方总是问你在不在，就是不说正事，你或许也会很烦闷。

"在吗？"这样的形式在沟通信息时，会因为两个人的时间差，导致浪费很多不必要的时间，本来你可以直接询问，却非要等到双方都在线的时候。有时候一天就这样过去了，最后什么也没有交流到，耽误了真正要办的事情，你也因此不开心。

我有一个合作方就是如此，总是问我“在吗”，我便一直回答他。一天结束了，我都不知道他到底找我干什么。

当你觉得这是一种礼貌行为的时候，你不妨做个设想。假设你总是被人问“在吗”，对方就是不说找你干什么，你会不会觉得很烦？在工作中，你甚至不知道这件事是否重要，会不会影响你正在做的事。而在聊天时，这样根本没有办法聊下去。

有些男生追女生的时候，想以此表明自己是个有礼貌、有素质的人。岂不知这样反而会让自己显得更加烦人，说话不说重点，一点儿也不会让你显得高端，只会让人讨厌与你沟通。

木木最近喜欢上一个男生，却又因为害羞不知道怎么在网络上搭讪。于是木木便观察对方的微信朋友圈日常，比如那个男生爱打篮球，于是她就找话题问道：“今天看到你去打篮球了，打得真好，我初中那会儿也在校队打过。”

男生一听便很感兴趣，好奇地问：“你初中还打过校队？有机会一起切磋啊。”

有了回应之后，木木很自然地将话题打开：“可是后来升高中，年龄增长了，个子却没有长，就退出来了，真是一把伤心泪啊。”

男生看到便乐了：“哈哈，这有什么关系，现在又不是校队了，不用看身高了，想打就叫我好啦。”

当然，不是所有人都有这样的经验，但是只要你能直接切入话题，而不是反复问“在吗”，聊天自然就更加容易融入。

最近还有朋友跟我发牢骚：“我最烦别人老问我在不在，就觉得有事就说，没事就拉倒，老是发一些在不在，就是一些无用的消息。”

原来，有一个男生追她时就是这样，动不动开头就是“在不在”。

有时候她在忙或者没有看手机，忽略了消息，对方还会不断地问：“你在不在？”

到后来，她觉得很烦，一看是这个人的消息就直接不理。可对方仍旧不屈不挠：“你干吗不回我消息？”“你在不在啊？”“我有事找你！”最后，朋友只好将对方拉黑，因为实在是被烦透了。

不要把不直接切入主题问对方“在吗”当作一种礼貌，因为矫枉过正就会成为另外一种不礼貌。

相信任何人在看到消息响起时，都希望看到的是一条有用的信息。而不是一条“在吗”，更何况你的“在吗”后面可能有很多“在吗”。稍微换位思考一下，或许你就会明白对方的感受。

当你想要给人发消息时，可以直接进入主题说重点，不需要再追问对方“在吗”。无论是工作，还是聊天，或者是追求男女生时，都一样不要再发“在吗”这样类似的字眼。

如果你有想要知道的事，或者需要的资料，都可以直接问出来。对方看到自然会回复你，而你等到的回复也会是你所需要的，而不是一句干巴巴的“在”。这样一来，时间不会浪费，消息你也能在第一时间获得。

如果你觉得不够有礼貌，那么你就在语气上加入一些礼貌的用语，比如，“请问”“你好”“麻烦”“请求”“看到方便回复一下”诸如此类的语句。当然在一般的朋友聊天中，就不需要这样生疏的用语。你可以换个说法，“在干吗呀？”“吃饭没？”或者问出你想问的问题，也就少走许多弯路。

而当你追求心仪的人时，可以去找一个对方关心的话题，直接切入。比如，某电影上映，你询问对方看过没，就可以开启一个话题的探讨。

人与人的交流本身很简单，不要因为你的切入点不恰当，而毁了整个气氛。有时候可能因为你错误的开场白，导致你错过许多事。也许是一次告白，也许是一次升职，也许是一个你苦苦追寻的机会……可等到已经发生再追悔莫及，一切便晚了。

拒绝做聊天终结者，告别“在吗”，单刀直入，将聊天的火焰燃烧起来。

换位思考，走到哪都不能丢

余米有一个合作伙伴，平时说话就总是咄咄逼人，无论何时和她聊天，都会让余米觉得自己在对方的心里就是一个没有好好做事的形象。

有一次，余米因为赶工作而没能及时回复对方。大概过了一个小时后，对方便发信息质问："你怎么回事？你不想干了？"紧接着，对方打电话过来，发现无人接听之后，又继续发信息。

"你不想干了说一声好吗？""你什么态度？不要耽误我的时间好吗？""在不在？给个准话儿？"

两个小时之后，对方又一次发信息说："算了，我也帮不了你了，就这样吧。"

三个小时之后，余米回复对方："怎么了？刚刚在赶稿子，关闭了手机网络，昨天不是告诉你了我今天会交稿子吗？"

对方却发来语音消息，劈头盖脸地指责道：“有事你不会跟我说一声吗？”“我以为你进医院了呢。”

余米表示自己不方便接听语音，打字比较方便。对方依旧发来一长段语音，继续指责余米：“你有没有搞清楚，我是甲方，我让你干吗你就该干吗！你不想接听语音，那我们的合作也算了吧！”

最后余米忍无可忍，便说：“既然这样，那我们的合作也到此为止吧！”

至此，对方仍旧指责余米：“你怎么脾气这么大？你换位思考一下好吗？”

后来，余米和我说起这件事：“我当时都惊到了，这样一个不为人考虑的人，居然要求我换位思考。”

人最原始的时候就是只考虑自己的，可是人不能一直如此。在合作中，也得为对方考虑，否则每一次询问都变成了谴责，彼此间的交流自然也会随之夭折。

合作方的这种行为，其实是一种对人的不尊重。尤其是话语中的指责，可以说丝毫不为对方考虑，只是一味地咄咄逼人，将人逼向绝境，就算对方脾气再好，恐怕也会忍不住爆发。

当对方没有及时回复的时候，用以为对方进了医院这样的话来进行讽刺，对方自然是没有办法心平气和与你交流的。可即便如此，你还在不断地指责对方，语气也十分难听，将自己立于一个制高点，甚至用甲方的身份进行打压，这样一来，哪里还是两个人平等的合作，彼此又怎么可能进行正常的沟通呢？

其实，无论是聊天，还是商务谈判，都是需要互相尊重的，谁也不愿意听到对方劈头盖脸的责骂。

假设你在拼命做事时，只是因为没有及时回复消息，而收到无数条责备的信息，我想你的心情一定好不了，甚至会因为这段合作而身心疲惫。

说话本身肯定不是为了争吵，只是因为你的语气、内容带着责怪、抱怨，才会让对话充满了火药味。许多时候，你只是不够体谅对方，以致控制不住自己的语气，最后你失去的究竟是什么，恐怕你自己都无法估量，可这样的损失本来是可以避免的。

我的朋友小米，就是一个很会体谅人，懂得换位思考的人。因此，朋友们都很喜欢和她交往。

有一次，小米和小文约好要出去玩。结果出行的当天雨下得很大，小文因为住得比较远而迟到了将近一个小时。到了之后马上十分抱歉地说："真是不好意思，我出门时间没算准，路上又因为下大雨堵车，害得你等这么久，等下奶茶我请了。"

小米则笑了笑："哎呀，没关系啦。其实我也刚到没有多久，真的是下雨天导致交通缓慢，完全影响了出行，下次我们要记得看看天气预报，找个晴天才好。”

还有一次，一位朋友向小米吐槽自己的经历：“我们老板真的很讨厌，总是暗示我们加班，但是又不给加班费。工作日我都要忙晕了，周日他竟然还给我打电话……真的快疯了。今天我去问他要加班费，居然还不给，说我们加班属于义务。”

面对这样的吐槽，小米语气有些心疼：“那你每天岂不是都累惨了？每天睡前喝一杯牛奶有助于睡眠。此外，你们也可以考虑将老板压榨你们的事告到劳动局啊。作为朋友，我真是心疼你啊。”

朋友本身也只是吐槽，并不想真的闹到劳动局。但是如果小米说老板是对的，能者多劳，肯定会让朋友感到得不到温暖。而小米完全站在她的立场上，并关心她的身体状况，这就让对方感到小米是在为她考虑，是和她在同一个阵营的。

其实许多时候，换位思考很简单，那就是假设自己是对方，为对方考虑一下。比如，当对方做了错事，迟到或是弄坏了你的东西时，你就可以换位思考一下。

假设是你迟到，你会如何？

你会心中充满自责。那么，你面对这样的一个充满自责的人，自然要照顾到他的情绪，让他不再自责，让他知道你是体谅他的，而不是给对方难堪。最好的语言莫过于“我也刚刚到”。

对于朋友的吐槽，很多时候你会发现朋友说的或许是错的。但是如果你直接说“你是错的”，对方自然心中不悦，若是换成对她的关心，比如，“你真辛苦，你应该轻松一下”，朋友的委屈自然而然得到了宣泄，并会将你当作很好的朋友。

两人产生分歧与矛盾的时候，说话最容易冲动，不顾后果。但是如果你希望这段关系继续，想要真的解决问题，那么就需要多为对方考虑，而不是一味地指责对方。并且语气也要柔和，在说话有理有据的同时，还要为对方考虑，让对方感受到你的体谅，对方自然也会退一步。

比如余米与甲方那段对话，如果甲方没有指责，而是寒暄地问道：“我看你没有回复，有些担心你是不是出了什么事，你还好吧？”或是在余米提出不愿意语音的时候，说：“是我们不注意，我们习惯性语音，所以总是忽略了你的感受。”那么，余米一定不会生气，而双方的合作也不会就此终止。

还有一种情况，最容易忽略对方的感受，那就是在寻求帮助之时。需要帮助的人说话需要诚恳，而不是让对方觉得帮你是理所当然，甚至用道德绑架的方法，都不恰当。最好是用询问的口气，“你明天有空吗？我明天搬家，想找你帮忙，如果方便，就麻烦你了，搞掂了请你吃饭啊”。

而拒绝的人也同样要考虑到对方，若是一口回绝，让对方面子上过不去也不合适，而是可以委婉诙谐但不失坚定地拒绝。语气要柔和，不要太生硬，面带歉意地拒绝对方，而最好不要生气般地硬邦邦地说“不”。

说话是一门学问，每个人说话都是有目的的。同样，每个人都会先为自己考虑，但是如果在说话时只考虑自己，总是用“我”字开头，而丝毫不关心对方的情绪，那么你的目的也可能无法实现。

合适的话题，聊天才能继续进行

朋友小圆跟我提起一次被男生搭讪的事。

小圆满脸无奈地说："你可能不知道那种感觉。其实看到对方的第一眼，我感觉他还不错，不过，他真的一点儿也不会说话，我都不知道该怎么形容。"

小圆说，她当时正在图书馆找一本小说，一个穿着白衬衫的男生忽然走到了她身边。男生长相帅气，身材挺拔，在他说话之前，小圆甚至觉得那一刻好像电视剧的桥段。就在小圆打量男生的时候，男生开口说："美女，你想要上面那本书，是吗？"

小圆点了点头，以为男生要帮她拿书，可让她没想到的是，男生竟然说："哈哈，你身高好像不够，我觉得得弄个梯子。"

小圆有些尴尬地说："哦，谢谢你提醒。"

男生没有就此作罢，又接着说："我和你说，身高其实还是很重要的。你看你这条长裙，让你显得更矮了。还有，平时要多跳绳、多吃饭，你还年轻，还是有机会长高的。我妹妹之前就是你这么高，现在都有一米六了，你也可以试试。”

小圆当时真恨不得找个地缝儿钻进去，当然，她更想做的其实是揍这个男生一顿。最后，她只好面无表情地说了一句“谢谢你的好意”，然后转身离开。

没想到，男生竟然追了上来，对她说：“我可以加你的微信吗？我很想和你做朋友。”听了他的话，小圆无语地白了他一眼，连书都不想再看了。

这件事对这个男生而言，那就是他注重了自己的仪容和仪表，也找到了对的时机，却偏偏选择了最糟糕的话题。

遇到的这件事，小圆真的是好笑又好气。

其实这样的情况还是比较常见的。比如，当你刚刚加上心仪之人的微信，却因为没有注意话题是否合适，从而踩了对方的雷，直接让这段关系还没开始便结束了。

我的另一个朋友前不久收到一条消息，是她有些好感，正在暧昧期的男生发来的。消息的内容是：“你打游戏吗？”

其实，我的这位朋友本身是喜欢打游戏的，当男生这么问起之后，她以为这是一个同道中人，正准备兴奋回复的时候……

谁料男生接下来却说：“我不打游戏，我觉得好没意思，一些这么差劲的游戏到底有啥魅力？真搞不懂那些玩物丧志的人，脑子是有什么问题。”很显然，这样的话一出口，该是多么伤人。

在和人聊天时，既然主动找了话题，那就是希望能和对方交流感情的，但这位男生的自说自话，却很显然直接终结了这段感情。

就好像小圆遇到的男生一样，如果换一个话题。“你在找哪本书？我帮你啊。”或者询问对方：“你平时喜欢看什么类型的书？”“你经常来这里吗？”这个时候他再提出要加小圆微信的事，小圆自然会同意了。

为什么那么多话题，却偏偏要挑对方的短处，并加以深入探讨呢？看起来，你并没有恶意，甚至还有些竭力想帮助对方，可这无疑就是哪壶不开提哪壶。或者你挑起一个话题，对方刚想说自己“喜欢”，你这边却开始批斗对方喜欢的东西无意义。

这个时候，你完全忘记了，你主动聊天的目的和意义。

朋友小柳的性格特别活泼，属于喜欢聊天的那种，因此有人称她为聊天达人。

我问她：“与人聊天没有话题的时候，你怎么办啊？”

小柳笑了笑：“你还记得我和你第一次聊天的情景吗？”

我回想起刚刚与她加微信之后，其实并不怎么聊天。直到有一天，我在朋友圈发了一张自己做的小龙虾照片，她才忽然跑来找我聊天。

小柳兴冲冲地问："小龙虾是自己做的吗？"

我回复："是啊。"

小柳开始将话题带起来："我超级喜欢吃，可惜我是个下厨'手残党'。能不能传授一点儿经验啊，我一直感觉饭店里的小龙虾没有家里做的好吃，好想试试自己做。"

于是后面我们便开始聊关于小龙虾的做法，再后来又引申到做其他的菜式，以及其他的美食，话题根本停不下来。

想起另外有一次，与小柳一起参加联欢晚会，大家都有些拘谨。小柳则开始与旁边的女生聊天，"最近看了《非正常死亡》没？"

女生眼睛瞬间亮了起来："你也看了吗？超级好看的。"

接下来，她们从《非正常死亡》聊到石原里美，又从石原里美聊到日剧，整个晚会小柳都在用一个个话题带动全场。

后来我问小柳："你是怎么知道她看了那部剧的？万一人家没看过呢？"

小柳神秘一笑："刚刚大家沉默的时候，她打开了手机，手机封面便是石原里美，而《非正常死亡》可是石原里美主演的大热剧。当然，就算她没有看过，也可以换一下问题，'那你喜欢看什么类型的电视啊？'她总不可能什么也不看吧。"

正是因为小柳能找到合适的话题切入点，所以她在人群中永远不会孤单，总是可以与不同的人聊起各种各样的话题，妥妥的一个社交达人。

其实要想找对话题也很容易，一开始只要不没头没脑地尬聊，不揭对方的短处，不对对方喜欢的事物进行批判。再慢慢寻找合适的话题，这些话题可以是理想、梦想，也可以是读过的书、看过的电视，甚至可以是喜欢的明星，更加合适的便是对方的职业，以及最近的大新闻，等等。

当你知道对方的职业时，你可以提出一些对对方职业感兴趣的点，比如，对方是一名法医，你则可以问："其实我以前便很想当法医，可是家里不准许，真的很敬佩你，能够坚持下来。"

而理想、梦想这样的话题几乎人人都可以提，除非是很个别的人，身上有故事，否则一般人被问了这个问题，都能很快引出话题。哪怕对方不愿意和你聊梦想，你也可以马上换下一个话题，只要不在对方排斥的话题上一直问下去，也都不是大问题。

比前者更容易找到的话题，便是一些近期的重大新闻。因为只要上网或是看电视的人，一般都会对重大新闻有所了解，挑起这样的话题，相信对方也愿意和你聊下去。

平时，我们觉得合适的话题很难找，无非是了解不够多，或者心里太在乎。其实，我们只须关注一个人的朋友圈，一个人的喜好，便可以引申出很多话题。即便在你一无所知的时候，也可以询问常规话题，聊天自然也就变得没有那么难了。

但是，如果你非要在对方不感兴趣、不愿意提的问题上说来说去，那么这样的交谈自然会和你的初衷相违背。

若是不想聊天尴尬，就请你先找到合适的话题吧。

抓主要矛盾，勾起对方的兴趣

朋友麦吉曾说，有一次他去一家心仪的公司面试，面试官说了一个大前提之后问他：“如果是你，你将如何解决这个问题？”

麦吉啰里啰嗦地说了很多，前后足有五分钟，最后面试官突然打断他：“停，你不用再说了，说了这么久你都没有说到重点，下一个。”

麦吉每次说起这段往事，都会痛心疾首地说：“从那以后，我再也不这样说话了。无论是聊天，还是问答，我都会先说重点，说对方最关心的那个重点。”

这让我想起有一次我和一位服务公司的员工聊天，我问他：“你们的服务有什么特殊的呢？”

他和我说了很多：“我们公司遍布全国，总公司在长沙。我们什么业务都做，绝对比同行都要好。这是我们的资料，请您认真看一下。”

我再次询问：“那么你们和其他公司的区别在哪儿呢？或者说优势，你们的服务价格这么高，总得有些优势，我们才会选择你们，不是吗？”

可是他却回复我：“我们这个价格绝对是很合算的，我们比同行更加有水准，我们的资质比他们更高级。一分钱一分货，我们能让你们毫无风险。”

从头到尾，他都是一段又一段的长篇大论，结果到最后，我也不知道他们有什么优势。他说的所有内容，几乎每个公司都会说，是标准的模板，完全没有让他们公司从这一众之中脱颖而出。

我们聊天不仅要说对方感兴趣的事，更要说在重点上。像麦吉遇到的状况，我想很多人肯定都有遇见过。比如，和领导汇报工作的时候，领导可能会说：“你能不能长话短说。”与朋友聊天的时候，朋友会问你：“你到底在说什么？我没有听明白你的重点……”

这就跟你向一个女生表白，最后女生问你“你在说什么？还有事吗？”是一个道理。你想要表达的一句也没有说出来，而说了一堆没有重点的废话，浪费了彼此的时间，也消磨了对方的耐性。

但是往往会有人解释："我需要铺垫啊，这是分总结构，你懂吗？"说实话，如果你切入重点太慢，最后只有一个结果，那就是对方会失去耐性："算了，算了，你别说了，我都不知道你在说什么！"

若是听到这样的话语，你一定会感到委屈。为什么不让人把话说完，为什么在高潮马上要来的时候打断。可是你有没有想过，对方最感兴趣的是什么？而你说的对方是否感兴趣呢？

之前，我遇到过一位推销员，他在和我的老板见面之后，没有介绍产品，却一直在强调自己在路途中的颠簸，以及来到我们公司有多么不容易。

可我的老板又怎么会对他的辛苦感兴趣呢？更何况他的这番话，仿佛在暗示我的老板，若是不答应这桩买卖，就跟不道德一样，自然会引起老板的反感。更重要的是，说了半天，他却对工作闭口不提，这哪里是推销产品，这分明就是诉苦。最后的结果可想而知，老板直接让秘书送他离开。

我的前同事文文曾是公司老板的秘书，因为她总是跟随在老板身边，说话也变得十分严谨而又能抓重点。和她聊天，她总是能将你所想要听的先告诉你。

同时，文文还是一个很会控制情绪的人。有一次甲方惹她生气，她语气强硬，但是语言逻辑没有乱："这件事我们不同意，是贵公司的行为太过火。无论你们怎么说，我们都不会同意。”

没有破口大骂，或是废话连篇，而是简明扼要地告诉对方：“不同意，无论如何都不同意。”

人际交往中说话的重点相当重要，不然你所说的都是无用的废话。不过是浪费了口舌，占用了彼此的时间，却没有达到你的目的。

所以，说话的时候你需要先确认一下自己的目的是什么。认准你的目的，再去说话，可以把那些多余的话语省去。

同时你需要管住自己的情绪，不要让情绪扰乱你的思绪，最后让谈话变得杂乱无章，毫无重点可言。

我们都知道人的情绪波动很大的时候，说话会不过大脑。可是，如果语无伦次、毫无主旨，就算是你去驳斥对方，也没有了论点，自然是会败下阵来的。

对方抛出的问题便是对方感兴趣的，所以你回答问题的时候，便要抓住对方感兴趣的。先将对方要的结论告诉对方，若还有时间、有机会，再去说你的那些过程。毕竟很多时候，其实只需要一个结论，比如，到底是同意还是不同意，去还是不去。

当你与对方约好了今天的面谈，你忽然发消息说：“我有点儿不太舒服。”然后就没有了后文。对方最关注的是你是否能出席，不在于你身体是否舒服。所以你应该说“我今天身体有些抱恙，恐怕无法出席”。若是你仍旧出席，那么就不需要和对方说“我有点儿不太舒服”。

简化你的话语，将最主要的部分简单明了地说出来。论点下面的例子一个就够了，不需要总是举例子，这样对方将会觉得没有终点，也就不知道你的重点是什么了。

其实简单点说，就是抓住主要矛盾，勾起对方的兴趣。比如，对方抛出的话题，要认真地听对方话语中的重点，也就是对方想知道的内容。那么这个内容便是重点，也就是我们需要去回应的。

03 第三章 “毒舌”并不是所谓的直性子

别拿“毒舌”当作真性情

同事小龙总是很“毒舌”，伤人却不自知，甚至大言不惭地说自己是真性情。

有一次午饭时，另一个同事小胡吃了面，面中带有少许的葱和蒜，饭后他跑来和小龙说话。可是他刚刚开口，小龙便一边捂着鼻子后退，一边大声说：“天啊，你吃了什么，口气怎么这么臭？”

小胡还没有反应过来，小龙又接着说：“你快离我远点儿！拜托了，请你不要靠近我！熏死我了！”

我当时正好在现场，觉得小龙的反应太夸张，让小胡十分尴尬，走也不是，留下也不是。于是我试图解围：“你别这样说人家啊，不就是葱和蒜的味道嘛，没必要这么大反应啊！”

小龙却毫不客气地怼我：“我又没说你，关你什么事？我和他关系好才这样说，他才不会介意！”

小胡这才知道是什么问题，连忙干笑着捂住嘴巴：“没事，没事，我下次注意一下。”

小龙说：“就是啊，我这人性子直你也是知道的，你千万别放在心上。”

小胡有些尴尬地说：“真的没事！我不会放在心上的。”又转过头对我说，“真的没事，他就是开玩笑……”

虽然小胡嘴上说“没事”，但是他的心里真的没事吗？他的口气有味道固然不好，但是小龙可以用更加合适的方法提出意见。比如，“你需要口香糖吗？我刚买的”。这样一来，既暗示了对方嘴巴有味道，同时还给了解决办法，简直就是一举两得。

小龙对此是不以为意的，他不仅充满着责备，声音特别大，还伴随着大幅度的动作。甚至在已经知道对方的尴尬后，也没有觉得有任何不妥，还在解释自己这是真性情。一句“因为关系好我才如此坦诚相待”，便将恶言变成了诚实，甚至若是对方真的因此而不开心，反而会显得小气。

我们对待关系不好的人，尚且不会如此，又怎么可以这样对待朋友？更何况，真性情从来都不是可以随意对别人口出恶言。

很多人总是把“毒舌”等同于真性情，并将自己等同于是一个直白而单纯的人。甚至标榜自己为“无心机”人士，潜台词就是告诉别人，说话好听的人都是虚伪的，都不是真朋友。只有我这样，口无遮拦的才是真心朋友。

这样的想法真的很可笑，因为这不过是情商低、没素质的表现，和真性情一点儿关系也没有。

小龙可以说自己心直口快，但是在对方看来，这就是说话难听。对方又怎么敢和他关系好呢？因为关系好，就要被他用那些难听话语指责，自然宁可与他关系不好，也要远离他。

当对方存在不得体的行为，或是让你觉得不舒服的时候，表达方式有千千万万种，唯独不可以选择用“毒舌”来表达。毕竟在伤人的同时，也让你自己的人品被打了一个叉。

我还有位朋友说话就十分得体，她面对不喜欢的情形，也不会用“毒舌”的行为让气氛变得凝重，而是用合适的话语化解尴尬。

记得有一次，老板的办公室中来了几位客人，他们坐在沙发上吞云吐雾，朋友坐在办公室里，有些难以忍受，可还没到下班时间，她也不能离开。

于是，朋友将门窗全部打开，并为客人倒上热茶，带有歉意地笑道：“几位领导可以不抽烟吗？我最近扁桃体发炎了，一闻到带有刺激性的味道就会咳嗽。”说着便咳嗽了两声，把眼泪都咳了出来，仍旧笑着说：“真的十分抱歉啊，希望几位领导体谅一下。”

几位客人连忙将烟头熄灭，纷纷说道：“不好意思，不好意思……”

还有一次，一位有狐臭味的同事过来和她对接工作。她后来和我说：“其实，当时我都憋着气，感觉快要窒息了，但是这种事，怎么可以直接说出来。”

于是我很好奇地问她：“那你怎么处理的？”

她神秘地笑了笑，告诉我说当时她就偷偷过去把空调温度调高了一点，然后对那位同事说：“你有没有感觉很热啊，要不，你坐对面吧，我们把文件放到大屏幕上，这样看得更清楚，你还能在屏幕上提出意见。”

同事自然也感觉到很热，没有起疑心，便坐到了对面。

朋友的这种行为绝对不是虚伪，而是为他人考虑。如果朋友直接说：“喂，你知不知道自己有狐臭啊，熏死我了！赶紧走开吧！”以后两人又该如何相处？

即便事后她可以说，“哎呀，你别放心上，我这人你知道的，有啥说啥”，并告诉所有人“我是个真性情的人”。可是她给朋友或是同事带来的难堪，却是一直存在的。对方既不好责怪她说的话难听，更不愿意承认她说得很对。那么，从此以后对方看到她，就会带有一丝疏离感，因为只有远离她，才能让自己避免进退两难的尴尬处境。

所以说，在日常生活中，说话要注意场合。若是在会议上你这样“毒舌”，不仅使你的同事以后无法做人，同时也会让自己难堪。领导不会喜欢一个总是专门挑人短处来说的人，同事也不愿意和一个“毒舌”的人相处，看似心直口快，实则杀敌一千，自损八百。

话是说给人听的，说话要有温度，语气要柔和，语调要舒适，不能总是以真性情为由，伤害别人，表彰自己。

多为他人考虑一分，也是为自己考虑一分。“毒舌”并不会让你看起来更真实，只会让人对你敬而远之。

假设当你穿了一身自己觉得很好看的衣服来公司，却被另外一个同事说：“天啊，你这是什么搭配？这是我见过的最恶心的搭配！”你也会受伤、难过甚至生气，但唯独不会认为她是真性情。

聊天不是为了伤害对方，而是为了人际交流。千万别把刻薄、小气、情商低当作真性情，因为这样到了最后可笑的不是别人，而是你自己。

所谓的“为你好”，只不过是你的借口

生活中总会有人打着“为你好”的幌子，说着“忠言逆耳”的大道理，对你说话时却处处带着教训、批斗你的架势。

朋友艾玛的爸爸便是如此，无论艾玛做得好或不好，她的爸爸总是能挑出各种问题，每次都会以批评她为结束。

有一次，艾玛做了一道麻辣兔肉，打算给爸爸尝尝。这道菜是经过她精心准备和细心烹饪的。可是爸爸尝了一口后，却皱着眉头说：“这个肉处理得不好，调料放得不够，辣椒太多，你以后还是别做了。”

艾玛有些难受，带着期盼的语气问：“爸爸，这道菜就没有值得称赞的地方吗？”

爸爸摇着头，坚定地说：“没有！”

艾玛觉得很受打击：“爸爸，你每次都是这样。无论我做什

么事，你总是说我做得不够好，从来不说一句夸赞我的话。”

爸爸看着她，面容严肃，像是生气一般：“我是为你好！我表扬你，你怎么进步？只有批评你，说出你的不足，你才能进步。你以为我想说你不好啊？我这是忠言逆耳，你还不高兴？”

听了爸爸的话，艾玛虽然心里很不开心，但也只好作罢，低着头继续吃饭，但是她知道爸爸这样早已不是第一次，也不会是最后一次。比如，有一次她拿了全班第三，以为爸爸会表扬自己，可当她告诉爸爸之后，爸爸却生气地骂道：“第三有什么好高兴的？等你拿第一再说吧！”

其实谁都想进步，从来没有人觉得这些不足不能提出来，但是为什么无论何事都只看对方的不好呢？还要为此盖上“为你好”“忠言逆耳”这样的大道理来掩盖，却没有想过对方的感受。

不管对方是你的子女，或是你的晚辈，或是你的朋友，或是你的下属，你年复一年说着对方的不好，说着那些难听的话语，就算对方内心再强大也无法忍受。

俗话说，“良言一句三冬暖，恶语伤人六月寒”。有些话，一旦说出口伤的便是人心。一个人在低谷时期，最害怕听到的便是那一句“你不行！”但是许多人不懂，以为这句“你不行”是一句理性的劝阻，而非恶言。每每说完，甚至还会觉得自己做了一件大善事。

即便是父子关系，也同样不能总是以权威作为筹码来打压子女。每个人的信心都是有限的，一味地遭受打压，到了最后便会丧失信心。尤其是当一个人有些自我怀疑的时候，你的那句“忠言”，“我是个直性子，你别在意”“我也是为你好，你怎么不懂？”“你以为我想说吗？但是你真的不行！”往往会成为压倒骆驼的最后一根稻草。

人各有不足，玉石尚且没法完美无瑕，人自然也无法做到十全十美。那么你说的所谓良言，也不过是为了展现权威地位，而刻意贬低对方的恶言。

我记得刚开始写作那会儿，对自己有诸多怀疑。每天都在追问自己是否适合走这条路，但内心始终没办法给出肯定的答案。

直到我认识了一位写作的文友，我将自己的一篇古风小说发给她，希望她能提出一些意见，可我内心却也为此忐忑不安。我知道自己有很多问题，虽然我不害怕她指出来，但我害怕被全盘否定。

由于当时要求是提炼《山海经》里的人物，随意编写故事。我的故事里写的是嫦娥与后羿，唯独不同的是，两人感情并不好，嫦娥也没有那么善良，后羿最爱的也不是嫦娥。

为此，她抨击道：“我说话直，你别在意啊。”

我说：“好，没事的。”

于是她开始长篇大论："真的，你的文笔很烂，故事很差。还有嫦娥和后羿是古往今来的神仙眷侣，怎么会变成这样，你瞎写也有个限度好吗？你完全没有可塑性，我觉得你不适合写作，我看你再也别往这里钻了。"

后来她又补了一句："真的不行，你别在这条路上浪费时间了。我说话可能比较直接，你别在意，我也是把你当朋友才说的。"

看到她发过来的评论，我整个人完全傻了。要说一点也不难过那是不可能的，可就算我不玻璃心，也依旧感到很不舒服。尤其是"我说话直，你别在意啊""我也是把你当朋友才说的"诸如此类的话，真的是让人无语至极。

不是非要对方表扬，而是希望看到客观地只针对这篇小说本身的意见，而不是对此给我下定一个结论——你不适合写作。

人其实很脆弱，在一件事上的坚持很容易动摇，因为人人都知道自己是不完美的，时时刻刻存在着自我怀疑。生活中也好，工作中也罢。既然你将话语说出，就一定有你的目的。奚落的话语，也自然是你内心的想法，而绝不是什么所谓的"逆耳忠言"。

如果朋友当时在指出问题之后，并不加入主观性批判的话，而只是说："改编不是胡编，既然是流传的故事，可能还是不适合这样改编，你再考虑一下，以上这是我的个人建议。”我也不会觉得这话难听，只会觉得客观、中肯。

“忠言逆耳利于行”这句话本身是褒义，是指有些话听起来不好听，但是很实用。可是千年之后的今天，许多人借此为由大肆地挖苦、讽刺他人，便是对其的一种歪解。

换位思考一下，当你刚刚买了一套英语原版小说，想要一边看小说一边学习英语，却有人对你说：“你的英语那么差，这个你能看得懂吗？你这样的人根本没希望的。我也是替你考虑，怕你浪费时间。”你会做何感想？会不会感到心像被刺中一样，让你高涨的情绪瞬间跌入谷底，以致开始怀疑自己是否该继续。

我们开口说话，主要是为了交流，为了交朋友。“逆耳”的话语，即便是父母也要少说，毕竟就算是亲子关系也需要尊重与肯定。当然并不是说我们不可以指出问题所在，而是说需要换一种表达方式，比如，在肯定之后，再说一些改进的意见。

举例，“你做的这道菜有待进步，不过你第一次做成这样还是可以的。下次呢，注意再多放点料酒和姜，少放点辣椒，肯定会更好”。如果艾玛的爸爸是这样和她说，相信艾玛一定不会感到难过，而是会努力，下一次一定要将这道菜做好。

如果你不想让人远离你，那么就请你管好自己的嘴，控制好自己的心，别再用“忠言逆耳”这样的话语来奚落任何人。

不要逞一时口舌之快，自断后路

小优与男朋友平时关系很好，两个人之间甜言蜜语，如胶似漆。

但是最近，两个人却因为一件小事而发生了矛盾，还越吵越凶，以至于到了最后剑拔弩张的程度。起因本来只是小优想吃串串火锅，而男友却觉得最近花钱太多，还是在家做饭比较好。

小优则说："什么都不肯买给我，口红说买不起，衣服说不会买，现在连吃顿饭都不肯啦？"

男友一听便觉得很生气："你这么说我？现在房租是不是我交的？你网购了那么多零零碎碎的东西，是不是我给的钱？你现在和我说这个？那你在家做了什么？辞职之后，天天在家除了花钱，你干了什么？"

小优听完男友的话，瞬间怒火上升："你问我？当初不是你自己告诉我说不用着急找工作的吗？”

男友不屑地笑了一下：“是啊，我说不急，你还真的不急了。一个月了整天在家好吃懒做，都长胖了。我什么时候让你做饭了？谁让你洗衣服了？现在的你，简直就像猪一样，整天就知道吃吃吃，你知道我的压力吗？”

小优气得直接将桌子掀了：“行，我是猪！你也好不到哪里去，你以为自己是什么‘高富帅’啊，你有什么资格？就挣那么点钱，每个月都紧紧巴巴。”

听了这话，男友直接摔门而去，只留下小优一个人坐在沙发上流泪。

逞了一时的口舌之快，结果却导致自己追悔莫及。一门之隔，两个人之间却犹如隔了最远的距离。如果在生气的时候可以冷静一点，不那么快地发出攻击，便也不会有这样的局面。

恋爱时，我们总是觉得彼此是最好的关系，无论如何都不会离开对方。其实事实并非如此，有些话一旦说出口便伤了自尊，心口也多了一道伤痕。若是没有一个台阶，根本不可能回头。即使回头，这件事也将成为两人心中的疙瘩，永远无法释怀。

话说出口简单，但是想要对方忘记却很难。所以，当你不分青红皂白地说出伤人话语的时候，有些悲剧就成了注定。

如果小优与男友不将以前的这些小事翻出来，如果说话的时候不对人发出人身攻击，结局或许就会不同，只可惜话一出口便为时已晚。

男友说出的那句“辞职之后，天天在家除了花钱，你干了什么”本身就带有一定的攻击性。不仅将所有过往的事情全部包括进去，而且还忘记了小优以前所做过的好事，只记得如今她的所有不好，这无疑会让小优感到难过。

而男友接着说的“现在的你，简直就是猪一样，整天就知道吃吃吃，你知道我的压力吗”已经严重伤害到了小优的尊严。

其实，无论是男生还是女生都有自尊，更何况，如果是来自自己最亲近的人的伤害之语，无论是谁听了都会生气。

男友的话点燃了小优的怒火，她的情绪由此开始失控，于是开始反击。不得不说，“你有什么资格？就挣那么点钱，每个月都紧紧巴巴”这句话也同样重伤一个男生的自尊。只要是稍微有一点自尊，想上进的男生，对此都是无法忍受的。于他而言，这是小优将他的一切全部否定，让他陷入一个巨大的深渊之中。

如果男友不将话说得如此伤人，不用这样的比喻，而是说：“我答应你，下个月好不好？你也知道这个月我们花钱超支了，是我不好，钱挣得不多，抱歉啊。”

如果小优可以理解男友的难处，安慰说：“那我们下次再来好啦，你也很辛苦，这个月确实花得很多。那我去给你做饭吃好啦，你想吃什么？”

说话简单，可说正确的话却很难，尤其是在情绪失控的时候，说什么话往往会控制不住。

还有的时候，我们会在争吵中揭人短。最好的朋友也不例外，燕燕和小关，平日里的关系亲同姐妹。

但就这样一对亲昵的朋友，却为了一个工作资质大打出手。

燕燕说：“你的简历是我帮你投递的，否则你凭什么被选中？”

小关听到这话，瞬间觉得很可怕，于是反驳道：“我花了很多时间准备这场面试，机会是我自己争取来的！”

燕燕一声冷笑：“你确定不是私下找人疏通了关系？你怎么这么无耻啊，靠这种手段获取工作？”

小关瞬间气炸了：“你在这里瞎说什么？我当你是朋友，你当我是什么？你真的太过分了！”

此后，小关便和燕燕绝交了。

友情，有时候其实是一段很脆弱的关系，有时候脆弱到容不下一粒沙子。可是有时候，你总是控制不住自己，将伤人的话一句一句地打在对方身上，最后导致两败俱伤，这么做，真的值得吗？

逞一时的口舌之快，也许当时感到爽快，可是后路却也被你自己斩断了。没有人会愿意与一个伤及自己自尊的人做朋友。人人都有尊严，所以不要去用言语挑战对方的底线。

说话之时，无论你多么气愤，也要注意不去翻旧账，不要揭人短，更不要无中生有，对人口出羞辱之词，因为在你逞一时口舌之快时，你们的关系也走到了尽头。

不要为了逞一时口舌之快而自断后路，毕竟这世界上没有后悔药，永远也不会有。

别把怼人当乐趣，那不是可爱

同事刘哥曾和我说起一件事。

不久前，他与客户约见面时间，对方问：“明天几点？”

刘哥回复：“中午1点可以吗？”

客户却气冲冲地说：“我中午不要吃饭吗？”

刘哥回忆当时的情景：“当时我就语塞了，明明只是约定时间，为什么搞得跟我欠了他什么似的，真的是无言以对。”

我记得有一次，朋友潇潇也是这样怼我的。

潇潇欠了我一笔钱，虽然不多，但恰好赶上我那段时间要交房租，急用钱。而她也正好在几天前说要将钱还给我，可之后却一直没有与我联系，所以我便给她发消息：“钱什么时候可以给我呀？我最近要用钱，有点急呢。”

没想到潇潇竟然直接怼道：“我又不是不给你！你有必要这

样催我吗？”

见我没有说话，潇潇又说：“不就是几千块钱吗？咱们还是朋友吗？你这样逼我？我不是说过就这几天吗？有必要这么催吗？说了给你肯定会给你。”

瞬间我就无语了，目瞪口呆地看着这满屏怼我的语言，心里只有一个想法，我怎么会借钱给这样的人？

被人怼的心情，就好像呼吸突然停止、心跳忽然停止一般，着实不好受，我想肯定没有人会喜欢这滋味。若是当你兴冲冲地说“我交了男朋友了”，对方怼你一句：“就你这样的，估计找到的也是个混混，有什么好炫耀的。”

又或者，当你乐颠颠地告诉对方：“我找到新工作了，明天就去上班。”对方回复你：“单位瞎眼了吧，看上你？你还是别高兴太早，后面有你哭的时候。”

你一定会觉得对方欠揍得厉害，接着便是迫切地想要远离对方，唯恐对方给你带来伤害。

如果你也喜欢怼人，那我劝你，一定要改一改这个毛病。每当你怼人的时候，或许觉得自己实诚而又可爱，其实在对方的眼里，你简直就是一个让人心生厌恶的人。

本来传达的是一件喜事，又或者只是例行公事的询问，可是却被人无情地怼了回来，这和泼了一盆冷水没啥区别。无论是谁，收到这样的回复，心里都会不舒服。

你明明可以好好说话，可以说：“哇，真棒，男朋友帅不帅？”也可以说：“新工作在哪里？怎么样？”可是你为何偏要泼人冷水呢？

有一阵子，某些影视剧里总是让主角有这种怼人的个性。一言不合便开怼，然后观众全部叫好，最后大家都学会了怼人。他们却不知道，己所不欲，勿施于人，也忘记反问自己是否喜欢被别人无缘无故地怼。

有时候最让人哭笑不得的场景便是，你好心去安慰一个受伤的人，可是对方却给你当头一棒。

赫赫的男朋友和她提出了分手，她为此失魂落魄，在宿舍里痛哭流涕。

室友小凌看在眼里，上前安慰赫赫：“你别难过了，我陪你去吃火锅怎么样？”

赫赫头也不抬一下，没好气地说：“你懂什么，你一个‘单身狗’懂什么。”

小凌耐着性子说：“哎呀，‘单身狗’也懂的啦。天下的好男人那么多，他和你分手是他的损失。你不是最爱吃火锅嘛，我们就去你最爱吃的那家，怎么样？”

赫赫依旧没好气：“呵呵，你装什么啊装？你知道爱一个人的感觉吗？你知道被男朋友提分手的痛苦吗？你又知道我心里怎么想的？你也不知道我和他经历了什么！我们经历了那么多才在一起，他为什么提分手你懂吗？你什么都不知道，凭什么还在这里充当知心姐姐？”

小凌秉着失恋者为大，不与她计较，继续耐心地说：“我不知道，你可以告诉我啊，我慢慢听你说。”

赫赫再次发难：“你有病吧？在这里装好人？”

小凌再也忍不住：“我发觉你真的是很有问题，我来好言好语安慰你，你就这样怼我？我得罪你了吗？你还是自己在这里哭吧，我不会再烦你了。”

就算失恋者为大，就算小凌是赫赫的朋友，可这不是赫赫句句怼人、字字扎心的理由啊。

朋友是好意来安慰她，想带她去吃饭，想要帮她快乐起来，并不是来伤害她的，她又何必针锋相对。

当下的生活过于快节奏，以至于人也变得浮躁，很喜欢对一些事过早下结论，于是开口便把人给怼了，最后将身边人得罪光了，又开始自怨自艾，认为自己好孤单，可是这一切又能怨谁呢？

人生千万条路，唯一没有回头路可走。走过的路，说过的话，发生过的事，大多数都不可能逆转。所以在你开口之前，请冷静一点，改改喜欢怼人的毛病，与人说话要温柔点，语气缓和一点，别把对方当成假想敌。

当你觉得对方不懂你的痛苦时，可以说：“可是你不了解情况啊，这次火锅可能没有办法治愈我了。”

如果你不愿意说，也不愿意去吃火锅，不愿意聊，那么就对对方说：“谢谢你，可是我现在没有胃口，你可不可以就这样陪着我坐一会儿。”

你明明有那么多选择，却偏偏选择了最坏的方式，以怼人开始一段对话，因此而终结一段关系。从另一个角度来说，怼人也可以理解为抬杠，也就是俗称的顶嘴，无论对方说什么，都要说与对方相反的话，让对方感到很不爽才会罢休。

人不能太浮躁，也不能太任性。最好将语气变得柔和一点，少一点戾气，多一点温柔和美好。这个世界没有得罪你，来跟你说话的人也没有得罪你，所以，生活中别把怼人当乐趣，那不是可爱，也不是真性情，而是互相伤害。

没有无缘无故的“招黑”

2016年，我认识了一个笔友，当时我和她的作品被发表在同一家刊物的同一期上，这让我一度觉得似乎与她很有缘分。

开始，我对她印象不错，认为她是个很勤奋、努力的女孩。

我们经常相互之间讨论写作，只是她说话根本不考虑别人的感受，言语过于刻薄，尤其是喜欢评价和她关系不好的人，比如，“那个人就是个垃圾，不知道他有什么资格跟我相提并论”。

其实，我与她相识之初，就听说她经常在我们的写作群里与别人吵架。但是我认为，人都是逼急了才会如此，也许并不是她自身的问题。

直到她对我发起攻击的时候，我才知道“招黑”这个词用在她身上或许不对，而是她本来就很“腹黑”。

有一次，我在微信朋友圈发布的一条状态：投稿7篇，全部杳无音信。写作这条路，我还要不要坚持走下去？

她看到后，立即把包括我在内的几个熟人拉进了临时组建的微信群，然后对我展开了攻击。

“你真差劲，我为什么要和你这样的人做朋友！”

“烂泥扶不上墙，没天赋就是没天赋，你趁早放弃写作吧。”

“你写的那些东西狗屁不通，我其实一直看不上眼，以前懒得说而已。”

…………

她的这些话，让我明白了，她真的就是自带吵架的特质。她否定了我的一切，并且不断地贬低我，无异于将我逼向深渊。

更何况我发布的那条状态，根本就与她无关。我只是诉说自己的遭遇，她却莫名其妙地对我发起猛烈的攻击，这种做法真的很可怕。

当时，我看着她的话语，气得直发抖，想反驳却因为手抖得厉害打不出字。再后来，这件事让我有些后怕，以至于我索性封存了账号，断绝了和她的来往。

时隔这么多年，我之所以还记得这件事，除了因为被骂而印象深刻之外，也是因为替她感到可惜。一个有天赋且努力的写手，却因为这种“腹黑”特质而让人讨厌，我觉得很不值得。

在生活中，如果对于每个人你都能找到一件可以吵架和辱骂的由头，那最后你又能剩下什么呢？不过是为了过一时的嘴瘾而已。也许你喜欢看到别人被你骂得不敢说话的样子，可这样的后果就是，自己会给别人留下一个不可磨灭的坏印象，这真的不值得啊。

你可能会辩解："我真的很无辜，那只是真性情罢了。"但是，你说话那么刻薄，处处与人针锋相对，并总喜欢践踏别人的尊严，将对方说得一文不值，若是这样还有人说你情商高、会说话，那才是不可思议。

"招黑"这件事，从来都不是无缘无故的。如果有人对你的评价不好，那么你首先要反省自己，而不是认为是对方故意要黑你。说话，许多时候表达的就是你自己的内心，所以要想改变你脱口而出的尖酸刻薄，就得先让自己心胸开阔起来。

人之所以总是出言不逊，多半是心理问题在作祟。或是自卑，或是自负，又或是嫉妒，才会脱口而出一些你或许本来不想说的话。

还有一种"招黑"便是自己本来就能力有限，却喜欢在一堆人中装作自己高深莫测。于是你每一句说出打压人的话语，其实在别人看来就是一个笑话，只是大家都不说罢了。

朋友林林和我说起过一次经历。她在写漫画脚本的时候，遇上了一个主笔。这位主笔的画其实还不错，但是她总爱指导编剧如何写文，“你的脚本逻辑太混乱了”“为什么非要这样写？我就不想这样”。

她甚至还会指导比自己水平高的人，“你这个色彩上得不好！”“这里，这里有问题，你能不能用点儿心啊”。

对于小问题，林林总会秉着以和为贵的原则，没有提出反对。只是谁也没想到，这位主笔会变本加厉，直接在群里发出一个文档，并说：“这个文档里是我给你总结的剧本的不合理之处，请你抓紧按我的要求修改。”

林林觉得有些气愤，便对那些所谓的不合理各个击破，并告诉她：“做好分内的事就好，不要总是挑我的刺，更别参与修改我的剧本。”

这时主笔揶揄道：“那你来画啊，我相信你，你画得肯定比我好。”

再后来，林林还看到这位主笔经常在几百人的大群里炫技。本来大家是在讨论一个小事件，但是她总会跳出来说：“你们说得都不对。根据我的分析，最大的问题是……”

诸如此类的言论十分之多，她总喜欢站在制高点告诉别人“你的是错的”，然后自以为是地展开科普。但是群里其实有很多高手，只是看着她班门弄斧，并没有制止，以至于最后只剩下她在滔滔不绝地说着自己的想法，却根本无人回应她。

而这些想法其实多来源于网络资料，也并不是她自己的分析，甚至有些分析还是错的，但她依然乐此不疲。

每个人都不愿意承认自己差，如果你总是站在高处俯瞰人，并且越过职权去指责别人的工作，就真的很让人讨厌。

你总疑惑为什么大家不喜欢你，刻意疏远你，并为此感到愤怒。但是你有没有想过，这可能是你自己的问题？

说话要谦逊，要去考虑对方的感受，可是你总是让对方没有面子，还要班门弄斧，最后弄巧成拙，尴尬的也是你自己。

其实爱班门弄斧的人，一是不自信，二是爱出风头。他们害怕被否定，所以急于表现自己的能力。他们又很爱出风头，所以找到了一条捷径，那就是踩着别人往上爬。

如果你也很喜欢否定别人，总是将“你错了！”“你必须改！”“你来啊！”挂在嘴边，那我现在要说，你也错了，因为这样充斥着挑衅、不和谐的话语，会让别人感到不舒服，又如何与你和平相处呢？

说话的时候要尽量多考虑对方，不要过于嚣张，也不要总是说挑战对方底线的话。无论是前面所说的那位朋友，还是这位主笔，都犯了交流中语言上的禁忌，用评判对方的差劲，来凸显自己的优秀。

可这种做法最容易让所有人都讨厌你，但凡你做一次就足够让人厌恶你。所以，一定要有一颗平和的心和宽广的胸襟，多看到对方的优点，学会反省自己，才能真的向上。不然只会重蹈覆辙，导致更多的人远离你。

世上没有无缘无故的“招黑”，这是你那糟糕的言行造成的必然结果。

恶言相向，友谊小船迟早要翻

有的人习惯说“我当你是好朋友，才调侃你的”或“你玻璃心吗？如果不是朋友，我才不会这样和你开玩笑。我是因为喜欢才怼你的”。

叮叮就有这么一位爱“怼”她的朋友。

有一天，叮叮涂了新买的口红，穿了新买的衣服，然后在微信朋友圈发了几张自拍照。朋友看了之后给叮叮发消息说：“你根本不适合涂这款口红，因为你皮肤太黑了，这款口红的颜色真的是让你惨不忍睹。还有这套衣服，你什么体型自己不知道吗？”

叮叮知道对方是在调侃自己，但是心中没来由地有些刺痛：“真的不好看吗？”

朋友说：“不好看，你太胖了。能不能向我学习，减减肥，瘦一点。你都120斤了！真的是个小胖子……”

叮叮咬了咬嘴唇：“你就不能夸夸我吗？”

朋友立马反驳道：“我们是好朋友好吗？我就是因为当你是好朋友才这样说的，你生气了？你不会这么玻璃心吧？”

叮叮没有再回复，只是从此以后再也没用过那支口红。

其实人本来就很脆弱，尤其是当自己本来就不自信的时候，一个人的评价将会直接影响你对自己的判断。当一个人总说你肤色黑，久而久之，你会真的觉得自己肤色黑。尤其是朋友之间，越是亲密，越是会让这些恶言深深留在你的脑海中，并信以为真。

生活中我也有过亲身经历，曾有最好的朋友对我说：“你长得又不好看，穿什么都一样。”虽然我知道她是调侃，可是总会感觉有一根刺，一直扎在心中。如果这样的话语经常出现，就让我根本不想再听到她的声音。可是往往朋友会告诉你，这是因为关系亲密才会有的行为。

有的人似乎很接受，也很喜欢，觉得这是一种深度交流的方式。无论对方怎么说，都觉得很好。甚至见过互相贬损对方的朋友，但是她们内心真的觉得这话好听吗？

每个人都渴望听到表扬的话语，喜欢夸赞自己的语言，而不愿意听到这些难听的形容。

即便是调侃，我们也可以选择别的表达方式："哎呀，如果你再瘦个10斤，保证是这条街上最靓的仔。"

可为何你偏偏要说"你很胖，穿什么都不好看"这样伤人的话呢？再好的关系，也熬不过这样的恶言相向。

还有的时候，我们总把最好的礼貌留给陌生人，将最坏的语言留给亲近的人。

朋友兰兰的母亲就是如此，只要与兰兰有联系，就会说许多难听的话语。

有一次，兰兰没有如母亲所愿，去找一份稳定的工作，而是有了自己的选择，表示想出去闯荡一番。母亲说："你是翅膀硬了要飞了，真的是白眼狼。"

兰兰创业失败，身无分文，还欠了一屁股债。整个人都很低落，甚至已经开始有了抑郁倾向。可是她的母亲，仍旧是恶言相向："你穷成这个样子回来干什么？你不是有本事吗？没本事就老老实实的，现在弄成这样给谁看？"甚至还说，"我一把屎一把尿把你带大，把全部青春都给了你，你现在回馈了我什么？欠了钱就回家？你真的是什么都做不好，做不好就别那么好高骛远，真是丢人现眼。"

这位母亲对自己的老公也总是恶言相向。老公带着一身疲惫回到家，她用十分嫌弃鄙夷的语气说："啧啧，活该，没出息的人注定受累。”

所谓的恶言不一定是脏话，也可能只是一句对一个人的否定。这位母亲的话语，可以说是句句扎心。这样的言语并不会激励人上进，反而会将一个正处于低谷的人扔进更深的深渊。

面对自己的亲人，你让他们承受你最差的一面，听你的抱怨，听你的酸话，听你的那些伤人话语。甚至还不能反驳，因为你可以说，“我是你妈，我凭什么不能说你？”

其实在说话这件事上，无论长辈还是领导，都需要注意。并不能因为关系好，因为关系无法动摇，你就可以为所欲为。为什么你对陌生人说话礼貌而又谨慎，却对亲近的人反而容易恶言相向？为什么在外面即使面对不认识的晚辈，你也可以和蔼可亲，却偏偏对自己的子女冷言冷语？

因为你知道，这些陌生人不会容忍你，可是家人和朋友不一样，他们总是会包容你，于是你变得肆无忌惮、毫无畏惧、毫不在乎。

但是你可能忽略了，朋友也会有一天因你的恶语而离你远去，亲人也会有一大忍无可忍而与你逐渐远离。

如果兰兰的母亲没有那么重的戾气，不以母亲的身份为所欲为，不错把伤害孩子当成很平常的事，那么她一定不会说这样的话语，而是会说：“没关系，只要我们人还在，一切就都可以从头再来，不要害怕，妈妈愿意做你最坚实的后盾。”

面对一身疲倦的老公，她可以说：“辛苦了一天，赶紧歇歇吧，我去给你泡杯茶。”

后来，兰兰的母亲与父亲离婚了，兰兰也几乎只有过年时才会回去看看她，她就这样成了孤家寡人。

我们要时刻记得，自己所说的每一句话，都是一把利剑，千疮百孔的人是没有办法弥补伤口的，哪怕是最亲的亲人，伤了的心也无法回到以前。

所以，无论与什么人说话，都一定要注意，不要只把礼貌与爱心留给陌生人，也请把温柔留给你的亲人与朋友，让最亲近的人感受到温暖而不是恶语。

04 第四章

慢一点，聊天不是抢答

开口之前想几秒

小夏一直不喜欢同一个办公室的兰兰，虽然二人平时看上去关系很好、很亲近的样子，但是在背地里，小夏却总说兰兰的坏话。

这一天，兰兰穿着新衣服来公司，问大家：“怎么样，我的新裙子感觉怎么样？”

大家异口同声地说：“挺好看，蓝色很衬你的肤色。”

小夏却背地里与其他同事说：“哪里好看了，简直和村姑似的！她皮肤那么黑，蓝色根本不适合她。她有什么资格穿蓝色，真是佩服这种人的勇气。”

同事没有说话，小夏又继续说：“你不知道，她超级没有自知之明。有一次看我买了一件粉色T恤，她跑过来问我要购买链接，然后买了一件一模一样的。我真的是快恶心死了，怎么有这么恶心的人？居然买和我一样的，也不看看自己长成什么样子……”

同事捅了捅小夏，示意她别再说了，却被她忽略。

“还有上次那个耳环，真的难看死了，不知道她什么……啊，兰兰你也在啊……”

小夏一抬头正好看到了盯着自己气得脸都绿了的兰兰，被吓得不知所措的小夏只能捂着嘴愣在那里。兰兰看着她，咬牙道：“你真的很虚伪！”

从此，兰兰再也不和小夏说一句话，而办公室的其他人也对小夏敬而远之，因为谁也不知道会不会有一天，自己也被她在背后说得那么不堪。

自古有训“病从口入，祸从口出”，说出来的话，泼出去的水，你收不回来。而伤害人的语言，说出去便是一把刀，一旦刺中了对方的心，便可能再也无法挽回。

在生活中，我们总会遇见某些人，他们喜欢在背后议论别人，有时候甚至是当面评论。就好比当全部人都说“裙子很好看”的时候，却有人脱口而出“一点儿也不好看，显得你腰粗、腿粗”。无论这是不是事实，这句话都会让这个穿着新裙子来上班的人，瞬间变得尴尬。同时，也将那些夸赞好看的同事立于一个尴尬的处境。

既然话说出口不能再更改，那么在你说话之前就要多思考，想清楚之后再说出来。否则当你遇上像小夏这样背后议论被人抓包的事件，以后的日子恐怕会很难过。没有人会愿意与你做朋友，因为你平日里的那些话，便会被人认为都只是你虚伪的面具，而真实的你则喜欢在私下肆意用恶毒的语言评论别人，是一个两面三刀的人。

对于一个胖的人来说，你话语中涵盖“你的身材不适合穿这类衣服”，就会无形中伤害到对方。因为他对这样的字眼很敏感，也属于一个禁忌话题。同样，一个肤色很黑的人，也不喜欢有人在他的耳边说，“你穿这个好显黑哦”之类的话语。

每当你想要说这样的话语时，先冷静一下，想想如果有人如此说自己，你会怎么样。哪怕要说某件事不好，也要学会委婉地说“你穿另一件会更好看”，而不要直接说“你身上这件很难看”。

有些人的嘴巴就好像一个大喇叭，根本无法保守秘密。最可怕的是，那些秘密总是在无意之中脱口而出。

小灵是一个很喜欢与人聊天的姑娘，她心地善良，唯一的缺点就是管不住自己的嘴。

一次，她安慰失恋的小姐妹：“哎，你别难过了。你就当他是个‘大猪蹄子’，别再想他了。”

小姐妹越听越难过：“哪有比我更惨的人，绝对没有！我和他居然是因为吃饭口味不一致而分手，你说我惨不惨。”

小灵一时激动脱口而出：“你算什么？咱们的闺蜜小尹比你惨多了。她的男朋友因为发现她有遗传疾病，就和她分手了！”

小姐妹本来一直在哭，忽然一瞬间静止地看着小灵，而小灵浑然不知，一脸茫然地看着小姐妹：“怎么了？你看着我干吗？”

小姐妹反问道：“什么遗传疾病？我怎么不知道？”

小灵捂着嘴一时间不知道该说什么。后来小尹得知此事，便与小灵绝交了。

安慰人本是好事，可是随口而出的秘密，却是朋友之间的禁忌。因为你的心直口快而把对方希望你保守的秘密说了出去，又怎么能怪人与你翻脸呢？

既然是秘密，自然是不能广而告之的事情，朋友告诉你是对你的信任，而你说出去便是一种不守信。任何人都有理由怀疑，下一个被你广而告之的秘密没准儿会和自己有关。

所以，既然保证了要守口如瓶的事，就一定要坚守，不要说出去，这也是做人的原则。当你想要说出去的时候，也请你给自己几秒钟的时间冷静一下，仔细想想，是否该说。

不要因为口舌之快而给自己带来不必要的麻烦。无论是随便评价一个人，还是将一个人的秘密说出去，抑或总是提及对方的忌讳，这都是因为你出口之前没有过脑子想过，说话太快所致。

三思而后言，开口之前想几秒，保证自己不会错误地说出来。毕竟许多时候，你其实是不愿意如此的，但又控制不住自己那张快嘴。

当你发现对方身上的衣服与身材不相符的时候，你可以说“挺好的，比较修身”。虽然明明是有点紧绷，但是这种事不是人家想要听的，说出去也会伤人，所以你要尽量避免。

就好像一个秃顶的人戴了假发，你不要说“你的头发看着好假啊”，或者总是关注对方的头发“你戴了假发吗”，这属于他人的忌讳，当然要懂避讳。

在说话的过程中，你可能会受到情绪或者环境的影响，说一些让自己追悔莫及的话。这些话，很有可能会伤害对方，让对方陷入尴尬，也很可能让你们的关系瞬间破裂。所以开口之前需要思前想后，确认没有问题后再说。否则你的朋友会嫌弃你，你的同事也会避开你，而你的人际交往就会变得很困难。

当你情绪激动无法控制的时候，请深呼吸三次，给自己几秒的思考时间。

所有伤人的话语都是因为嘴快

上大学的时候，有一次出门碰巧看到某女生向男生告白。女生满脸娇羞，紧张得手足无措，还特地化了妆，穿了一套仙女裙。

女生低着头站在男生面前说："我喜欢你！我真的很喜欢你！自从第一次遇见你，到现在，一直喜欢你两年了。"

男生一脸漠然地看着女生："所以呢？"

女生抬起头，紧张又带着期望地看着男生："你能不能做我男朋友？"

男生不屑地笑了笑："做你男朋友？可以啊。"

女生顿时一脸欣喜，男生却冷漠而嫌弃地继续说："做梦去吧！你看看自己，皮肤黝黑，虎背熊腰，长得太对不起观众了。

你真以为自己穿了仙女裙就是仙女了吗？”

女生瞬间泪目，难以置信地看着男生。大概她怎么也想不到自己看上的男生居然是这样的人，连拒绝爱情都这么伤人，让她瞬间便感到万箭穿心。

有些人总会说“如果我不说得绝一点，给人留了念想怎么办？”这样说话的人不是情商低就是心肠坏，因为拒绝的方式千千万，可你唯独选择了直戳人短处、伤人入骨髓的方式。

这已经不是拒绝，而是借着拒绝的机会，对别人进行人身攻击和辱骂了。

还有人说：“说完我就后悔了，可是怎么办，我已经说了。”所以说话的时候一定要考虑清楚，来不及思索便伤害了你不想伤害的人，一定不是你愿意发生的事。

其实，在拒绝他人的时候，可以委婉，可以诙谐，也可以简单明了，但唯独不要去打击别人，伤人自尊。比如，这个男生在拒绝女生的时候，其实有很多种方式，“虽然你很好，可是我们不合适，你也不要再执着了”或“我有喜欢的人了，我放不下她，我们不可能的”或“我对你没有这方面的感觉，感情的事强求不来，你一定会遇到喜欢你的人”。

但是这个男生偏偏用了许多揭短的话语去伤害那个女生。

我希望当你在拒绝别人时，不要做得这样绝，你以为自己是为对方好，实际上只会让你显得掉价，体现出你很没素质，是对方看错了人。

在其他的事上拒绝人，也是一样的道理。同事找你帮忙，可你又不想帮忙，如果你脱口而出："我们关系有那么好吗？凭什么帮你？"一定会伤害到对方。那么，怎么样才能委婉而又坚定地拒绝呢？

"今天我不太舒服，抱歉不能帮到你"或"我也很想帮你，可是……我现在没空，我自己这边也有些手忙脚乱，很抱歉"。拒绝也是显示你人品的时候，要尽可能得体一些。

或许你会觉得，我为什么要在意那么多？我说出来自己开心不就好了吗？管这么多累不累？

没错，当然累！可是做人本来就很累，说话是做人的一部分。尤其是你说错的话很可能是捅在别人心口的刀子，你这不是将自己的快乐建立在别人的痛苦之上吗？"己所不欲，勿施于人"的道理谁都懂，你也不该忘记。

网上的"键盘侠"就好似如此。想象一下，如果有人因为你的一句话而想不开做了傻事，你的良心又是否会不安呢？所以不如在说话之前就考虑好，不要说伤人的话！

当然，还有的人过于自以为是，喜欢在与人聊天中炫耀自己。有时候，在炫耀之时会喜欢拿别人来比较，类似贬低对方抬高自己，甚至对此毫无察觉。直到有一天，他发现所有人都渐渐远离自己，才感到被冷落，才忽然反省，“我哪里不对？”

我认识的斌子，是个很喜欢历史的人，但其实他对此并不专业，有时候唬唬外行还行，若是碰上懂行的，就属于班门弄斧的典型。

这一天，朋友聚会，大家说起秦始皇。于是斌子说：“秦始皇真的算是暴君吧，焚书坑儒，修长城，造阿房宫，劳民伤财都让他做了。最后还追求长生不老，真的是糊涂到极点了。”

大部分人刚刚点点头说：“是啊。”

这时在场的另外一位朋友便不屑地说：“你知道什么，在这里瞎说！秦始皇为什么修长城，为的是抵抗匈奴，如果没有长城，后果不堪设想，好吗？你们都是人云亦云，矮子观场，还到处说，装的自己什么都懂。”

现场一片安静，大家都陷入了尴尬之中。这时斌子说：“啊，那我们换一个话题，说说李煜吧。”

大家立马配合地说：“李后主真的是命惨啊，亡国皇帝的罪名背了一辈子。”

斌子接话道：“是啊，我实在是觉得他不该被骂，毕竟他也是被迫登上帝位。临危受命，才是最可怕的！但是他的词，那确实是一绝啊！”

那位朋友又义愤填膺地说：“李煜就是个窝囊废，只有你们这样的人才会喜欢他。什么被迫？他生在帝王家连一点觉悟都没有吗？他的词也不过是无病呻吟，政治上一点主见都没有。”

现场氛围再次落入冰点，这一次谁也不愿意再开口说话，而且我敢保证下一次聚会大家肯定会将这位让人尴尬的朋友排除在外。

或许你在某方面确实比别人有更多的知识和见解，但如果你也像斌子的这位朋友一样，总是这么急着炫耀自己很懂、很有见解，那反而显得自己浅薄。对此，大家根本不会觉得你很厉害，只会觉得你那一刻太狂妄，以至于对你一点也喜欢不起来。

或许你会说“这不就是大家一起讨论吗？”确实是讨论，可你的语气和态度却不是在讨论问题，而是在羞辱别人。许多历史人物都很有争议，有不同的看法也正常，可凭什么你认定你的就是对的，甚至要别人认定你就是那个“世人皆醉我独醒”的圣人？

你明明可以说：“其实，这个并不像大家所说的那样。我曾经看过几篇文章，说是长城其实是秦始皇的一个战略。”

如果是这样说，大家会觉得这是一个新的观点，并认为你很有学识，而不会觉得你是专门来拆台的。再比如关于李煜的讨论，李煜本来就是个有争议的人物，所以无论有什么样的看法都可以，但是你的语气和内容完全只是为了炫耀你懂得多，甚至你将其余人贬低到和你不是一个等级的生物，这讨论自然是无法持续的。

讨论问题本身也是一种聊天，一种知识互换，甚至是一种获取信息的渠道。所以意见不一致没关系，但是不能因此伤人，让对方没有面子。

说话是一门艺术，无论是拒绝别人，还是与人讨论，都要注意语气和内容，切不可因嘴快而伤害对方。

接话太快，并不是礼貌

俗话说，欲速则不达，但小柔总是很急躁，给人一种风风火火、毛毛躁躁，一点儿也不稳重的感觉。

她总是没等你说完，就急忙接话，让你尴尬得不知道该怎么办。

有一次，下班后聚会，现场既有领导，也有很多同事。大家正聊得起劲，领导说起自己当年读书的事情：“想当年，我也是学霸，体育也还不错。记得还有个小学妹来向我表白，当时的情形历历在目。”

领导喝了一口酒准备继续讲，小柔却忽然开口说：“哇，真看不出来呀，您也有这样的经历。其实我读书的时候，也追过师哥呢。”

领导的经历，大家正听得津津有味，被小柔突然打断后，领导明显很尴尬，导致这个话题无法再继续。

另外一个同事说："其实我很喜欢打游戏，但是很久都没有打游戏了，现在想想好怀念啊。想当年，我……"

同事还没有说完，小柔便又接话道："该不会是你打游戏导致成绩下滑，被你妈给禁止了吧？"

同事只能尴尬地看着小柔："不是，是因为我喜欢的妹子不喜欢打游戏的男生。"

小柔又说："哦，那肯定是人家要求的，一定是这样。"

男生回答："不是，是我自己决定放弃的。"

大家都很尴尬，明明可以继续听八卦，结果却突然被人打断，实在扫兴。

那场聚会最后不欢而散，因为小柔全场都在接话，而她说的往往又与事实不符，导致众人尴尬而又无语，却又不好意思制止。

有的人觉得接话快点，是为了避免说话人的尴尬。可是他们却不知道，很多时候接话太快，就会变成一种插话。我们都知道插话很不礼貌，因为会打断对方的思路，也会破坏整个气氛。因为对方要说的与接话者所说的很有可能不一样，而接话太快，也会让我们没有太多的时间去思考，所以有时候我们脱口而出的话，很可能会煞风景。

而在场的其余人，包括被接话者本人都会很尴尬，不知道该怎么办。如果生活中你也属于喜欢接话的人，请一定要注意控制自己，因为当你接话之后，对方如果接着你的话说，那就是尬聊，如果不接你的话，似乎又很不礼貌。如果直接告诉你，你或许又会觉得对方太过分，把你的好心当成了驴肝肺，毕竟你也没有什么很大的错误，只是在不恰当的时候，接了不该接的话茬儿而已。

所以这件事，无论对谁都是尴尬而又没有礼貌的，只有作为当事人的你对此毫无察觉。

其实这种时候本应该倾听对方说话，而你莽撞地接话，则完全打乱了节奏，也让对方无法把事情的原委说完。

小龙总是十分鲁莽，接话之前不过脑，一味地求快。

有一次好朋友聚会，一位朋友说："前阵子我总感觉老婆有什么事瞒着我，搞得我好烦啊。"

小龙很感兴趣，马上一脸期待地问道："你老婆藏私房钱了？"

好朋友的脸都黑了："你老婆才藏私房钱了呢！我老婆怀孕了，但她没有告诉我，直到我发现之后，她才告诉我的。你接话那么快干吗？"

小龙很尴尬，心里也觉得不舒服，感觉自己也只是活跃气氛，怕话题无法继续才这样说的。

这时，另外一位朋友换话题说：“前两天，我们上司叫我去办公室聊天，我以为是找我说升职的事，结果真的是气死我了。”

小龙又马上接话：“什么？该不会要开除你了吧？”

这位朋友顿时很无语，没好气地说：“要我周末去加班！”

接下来，朋友们都不再愿意说话，因为害怕话音未落就被小龙接过去，然后造成大家都尴尬。

有时候，你觉得自己说的话可能无伤大雅，但是由于你接话太快又不过脑，可能会让对方很不舒服。就像是一口气没有呼出来一样，憋了一口气回去，非常难受。

假设你正说得起劲的时候，只是想喘口气，稍作停顿，而对方便快速接话。可能是对你发问，也可能是自己做的判断，也可能是把重点转到自己身上。你会怎么想？是不是会感觉尴尬，也感觉自己一口气堵在心口难以消除。

我们在说话的时候，一定要考虑对方的感受。同时，说话要慢，接话更要慢。只有慢，你才能获得更多的信息，才能更加明确对方是不是说完了，否则你就是插嘴就是抢话，就会造成误会。

聊天时要认真听对方说，而不要急于表达自己的猜测，或者急着将话题转到自己身上。因为这样，会让对方感到你很不礼貌，而这种体验感也会让对方以后都不愿意跟你说话。

还有的人，先开口问对方：“你怎么了？”对方正准备说的时候，他又开口说：“啊，是不是失恋了？还是没钱了？或是工作不顺？”当对方忍了，再次决定开口说清楚时，他又忙说：“哎呀，肯定是失恋，对不对？”

这也属于抢话，接话太快就是抢话。抢着将对方的话题接过去，抢着表达自己的看法，而忽略了主体是对方而不是你。

这样做，除了不礼貌，还有些喧宾夺主。

聊天的时候，一定要注意，不要急于表达自己的看法。因为无论是你自己的事件，还是对对方话题的看法，你都可能会打断对方的思路，让大家陷入尴尬之中。

每次接话之前，在心中数秒，等半分钟后，如果对方丝毫没有想说的意思，你自然可以想清楚后再娓娓道来。

试想，如果面试官问你问题，问题还没有问完，你便接话，你的面试很可能通过不了，也会给人留下极差的印象——这个人毛躁，不靠谱，没有办法定神静心，一定不合适。就算你遇到了贵人，恐怕都没有机会靠近对方。

如果你不想被人否定，不想被人孤立，那么请你不要抢话以及接话太快，那不是幽默，而是不礼貌。

控制语速，别像机关枪一样

玲玲有个远方亲戚，说话又快又不清楚，还特别喜欢说。每次见着玲玲都要叽里呱啦说一堆，而且说话又语速很快，好像怕被人抢了她的台词一般。

比如，“哎，侄女啊，有没有找男朋友啊？工作怎么样？城市生活怎么样？挣了多少钱？买得起房子吗？你怎么这么久才回来一次？”

又比如，“你知道吗，你姐姐啊找了一个高材生，说是快结婚了。对了，隔壁王二家的牛啊，现在已经生小牛了。哎，对了，你妈前阵子还做了头发，你看着怎么样？”

每次玲玲都会被问蒙，到最后索性一任她说，不再回答任何问题。

这是一种很常见的现象，在当代每逢过年过节，年轻人回家时就会遭遇类似的盘问。但是每一次的盘问，就好像加速的视频一般，快到你反应不过来。

抛出来的问题太多，一个接着一个，让人感觉好像万马奔腾而过，要将自己问晕。其实大家都理解，这是长辈对晚辈的一种关心。只是这种关心的方式，往往让人窒息。

如果可以控制一下语速，稍微慢点，一个个问题慢慢问，也不会让人感到如此难以招架。聊天又不用赶时间，没必要连珠炮似的询问，丝毫不给对方思考和反应的时间。

但是玲玲的这位亲戚，不仅这时候话语速度特别快，平时语速也很快。和自己家人说话，都是和唱rap（说唱）一样。

“快点，起床，我做了番茄面。等会儿你们去田里看看，然后菜地也要看看。”

语速慢一些，能让别人听清她说的话，一旦快起来，别人就不知道她在说什么。最后只能不断地问：“啊，你刚刚说了什么？”

这样聊天，也会十分吃力。往往给人一种赶场子的感觉，让人不知道如何说话如何接话。所以，如果你想要和人好好聊天，就一定要注意语速。

主要注意这样几点：一是要让对方听清楚你说话的内容；二是给对方一个反应的时间；三是语速缓慢会让你的语调显得更加

舒缓，听起来更加舒服。

当你语速快的时候，语调与语气都会随之产生变化，听起来会像是打架一般，很不和谐。所以语速一定要控制好，否则怎么能和谐地聊天。

还有的时候，当人的情绪激动时也会让语速变快。

小图与闺蜜相约逛街。

闺蜜说："图图，我最近认识了一个男生，感觉还不错。"

小图立马变得很激动，发出追问："人怎么样？帅不帅？个子高不高？干什么的？怎么认识的？快，快说说。还有，你们现在发展到哪一步了？"

虽然这是很常见的一种情况，几乎每个人都会遇到。但有的时候这个感觉真的不太好，会让被问的人有一种在被审讯的感觉。瞬间有一大堆的问题跑出来，都不知道应该先回答哪一个。

另外一种激动的情况便是在吵架的时候，人的情绪因愤怒而激动，语速加快，句句紧逼。

小李和男朋友吵架，起因是因为她怀疑对方可能变心。于是展开了一段语速极快、步步紧逼的盘问。

"你说，你在哪里认识的那个人？

"你说好的不会变心，今天居然变心，你想我怎么对你？

"我对你不好吗？

“你们到哪一步了？

“她长得比我漂亮吗？

“她身材好不好？

“你们认识多久了？是不是要和我分手？”

很明显，她把与男朋友之间的交流，变成了审问。就好像是警察在质问犯人一般，让人感觉步步紧逼。

其实她的男朋友根本没有出轨，只是在被她逼之后感到厌烦，于是一怒之下直接说：“对，我出轨了。她长得比你漂亮，比你身材好！满意了？”

我们总是在生气的时候控制不住自己，语速加快，问题一个又一个地丢出来。最后也会因此将对方逼急，产生一些不可逆转的结果。

其实最开始大家语速加快，或许只是因为情绪激动，但是你却不知道，语速其实也代表了很多，也会给人很多不一样的体验感受。

聊天时最烦的就是有人在你一旁喋喋不休、咄咄逼人，还有就是连连追问。这个时候语速是一个关键点，语速快的时候，你的攻击力也会变强。即便是好话都会变得自带一股杀气，让人感到不舒服。

假设你被人快速地追问，你一定会感到不舒服、不爽，觉得被人审讯一般，所以，己所不欲，勿施于人，自己也应该注意到这个问题。

语速、语气，都是聊天中很关键的因素。许多时候你以为只要思考好内容，说的话便没有问题。但是你想想，“你真的是好烦哦，快点，我们去吃饭，我要去吃肯德基啦。”这句话慢点说，温柔中带点撒娇的语气，但是如果说快了，就会让人不知道你说了什么，却可能只听到一个烦字。

慢点说话，给自己留一个思考的时间，也给对方一个反应的空间。这样的交流才是对彼此的尊重，也才能使交流真正地持续和有效。

生活中，我们可以学学电影里的人物、主持人的说话方式，将语速慢下来，但是情绪不放空。

你想想如果电影里的台词，每一句都加速，你还能听到什么？只能说是好像听到了声音，但是具体是什么，却不知道。

记住，控制住你的语速，别当机关枪。

不要做“麦霸”，抢占说话机会

小小是个很喜欢说话的姑娘，性格也很乐观。刚刚来到公司，她便和同事们打成一片，谈笑风生。但是时间久了，大家便对她感到厌恶，因为她总是唱独角戏。

就好像“麦霸”一般，一直霸占着说话的机会，不肯让人多说一句，整个过程都好像一场独秀一般。

有一次，大家正热烈讨论一部刚上映的电影，小小凑过来说：“唉，这个我知道。漫威公司出品的电影我都看了，比如《美国队长》《钢铁侠》《复仇者联盟》等。天啊，我真的可以说一天一夜都说不完。”

一位同事说：“新上映的去看了吗？”

小小忽然说：“唉，我还没说完呢。”

同事有些尴尬地示意她继续。

小小接着说："我特别喜欢洛基，他和索尔的对手戏我能记一辈子。还有钢铁侠和蜘蛛侠，真的是超有爱，你们知道吧……"

小小喋喋不休地说了很久，也不允许别人打断她，就那样一个人一直说。这让人既没有插话的机会，也没有转移话题的时间。于是，过了十分钟，大家全部散开。

后来，时间久了，大家看到小小来了就会说："开工，干活了。"再没人在她面前聊天，因为她实在太能"说"了。

如果你也有这样的毛病，请一定要注意了，不要让聊天变成你的独角戏。虽然你说得很开心，却丝毫没有考虑对方的感受。

聊天、聊天，就是要允许不同的人表达自己对同一主题的不同态度、不同想法。如果只有你一个人在说，那么别人该怎么办呢？看你表演吗？本来是一个集体事件，却被你弄成了个人演讲，那么聊天的意义便也不存在了。

假设你与朋友聊得正开心，交换着彼此的想法。忽然来了一个人，开始插入你们的聊天。但是他只允许你们听他说，而不允许你们开口表达想法。你是否还会愿意与这样的人一起聊天？

答案一定是：不会。

当然你又会有疑问："那我怎么控制住自己？我就是有这么多想说的，我不是故意的。"

这便是你自身的问题，请换位思考一下对方的感受。同时，也请你将你的想法长话短说。大家你一句我一句才是聊天，一个人说话那叫自言自语、自娱自乐。所以，你要将话筒给别人，听别人说完之后，再表达自己的想法。

聊天的时候没有人与你抢，你不用急于一口气将所有的东西全部说完。或许大家可以理解你因为感兴趣而激动，所以抑制不住自己的心情。但是就算抑制不住，也请你克制自己，在心底叫停自己，给对方一个说话的机会。你的想法总是可以表达出来的，不用过于着急。

如果你还意识不到自己的问题，可以想象一下，KTV里的“麦霸”有多让人讨厌，你就明白自己的做法有多欠妥了。如果你和朋友一起去唱歌，却有人一直一首接着一首唱，始终不把话筒让出来，你是什么感受？那就是KTV白去了，你根本不是去唱歌的，而是去听人嗨唱的！

有两类人在聊天中最让人讨厌：一是发言冗长；二是打断别人的话兀自地说下去的人。

培根曾说：“随便插话的人，甚至比发言冗长者更令人反感。打断别人说话是一种最无礼的行为。”

在生活的交流中，难免会遇到将你的话语打断兀自表达自己想法的人，不管出于什么目的，都会显得很烦人。

羽羽聊到一些很感兴趣的话题，便会激动万分，甚至不管对方是否说完就会插话。又或是，觉得对方说的不对，而她有自己的想法，便会不顾场合和别人的情绪，直接开口打断。

有一次在会议上，同事正在讲自己做的方案，刚讲到一半，羽羽似乎是想到了什么，忽然开口："不行，这个方法不行的！"

平时的休闲时间，同事们在讨论最近的明星动态或新闻。她都会忽然跑出来打断大家："不是的，应该是别的原因。我记得好像在另外一个报道看到过，你们刚刚说的不对。"

或说："哎呀，我认识的一个人就是某某经纪人的朋友，他说的肯定是真的，你们说的都不对！"

久而久之，大家连开会都不愿意叫她，因为觉得一定会被打断。

打断人说话，是一种十分恶劣的行为。尤其是在打断之后，说的话里还充斥着炫耀自己的内容，就更加让人厌恶。

在会议现场，发言的人最讨厌的便是被人打断，因为这会打乱思维，甚至会影响自己整个方案的表述。

一个人的素质，其实在说话上就有着许多表现。打断人说话，做一个麦霸，都可以看出这个人素质很低。

说话聊天，日常工作都必不可少。一旦开口说错了，便会给人留下不好的印象，而且很难抹去。

同时，如果你的打断是出于否定对方，还会带有一种炫耀的感觉。而人们最讨厌的便是有人打断自己的话，还在自己面前炫耀些什么。

在你急于打断别人的时候，只是为了反驳而反驳。以至于你没有听到对方后面的话语，引发巨大的乌龙事故，让自己变得很尴尬。

所以这样既不利人又不利己的事，一定要控制自己不要做。

说话要考虑对方，别只顾着张嘴一时爽，闭嘴才知说错了，追悔莫及。

不要想着去炫耀自己懂得多，想得快，思考得全面，只要你可以把自己想炫耀的心收起来，自然不会总是抢着说话，也不会霸着话筒不肯让人。

别让一时的“麦霸”行为毁了自己的形象，乃至影响一生。

不要让你的情绪控制你的大脑

小凯比较内敛，平时很少说话，只是专注做事，让人觉得他除了有点儿闷，其他方面都挺好。但是有一次，小凯的行为颠覆了大家对他的印象。

这天，小凯的方案被领导打回，这已经是第三次了。

领导说："小凯，你认真一点，不要这么马虎，都第三次了，怎么还写成这样？"

小凯忽然吼道："是啊，都第三次了，你为什么还不通过？前不久，最爱我的奶奶去世了，我喜欢的女生跟别人结婚了。我已经尽最大努力平复心情，认真写这个方案了，你却不给我过？是不是想让我去死啊？"

领导与同事们都惊呆了，不知道该怎么办。

小凯忽然又蹲在地上低着头开始哭："我没用，我不行，我就是个废物。我连一个破方案都写不好，还能干什么？”

领导与同事们看着发怒之后丧气地低着头哭的小凯，都有些慌乱。

领导尝试着安慰说：“小凯，你别多想，方案很好，只是要把客户想要的加进去。小凯你很能干的，我们都是这样认为的。”

小凯根本不理会领导的安慰：“我没用，我一无是处！”

这件事之后，领导开始重新考虑是否能重用小凯，因为他觉得小凯就像一个定时炸弹，不知道什么时候会爆发。

小凯的遭遇是不幸的，导致他有些迷茫甚至丧气，可以理解。但是他不应该把情绪带到工作之中，并且忽然吼领导，这属于一种失控行为。

虽然事后小凯给领导与同事道歉，但是大家都好像约定好了一般，只是象征性地接受，心里却丝毫不接受。大家都在心中认定小凯很可怕，因为不知道何时他会爆发。

曾经有一位同事，只要她心情不好，上班的时候去找她办事的人，都会被她用不耐烦的语气怼走。可是她的心情好坏本属于她的私人事情，上班期间便应当公私分明，控制好自己的情绪，不能影响工作。

无论是生气的暴躁，还是丧气的低沉，发泄出来都会损耗人际关系，影响我们以后在职场上的处境。

其实保持情绪稳定也是一种自制力，因为每个人的情绪都会控制不住地表达出来，只有强行控制，或是从心底明白，才能够保证自己是理性的。

如果小凯当时是理性的，明白这样的场合不可以发泄情绪，他就不会有那样的表现，而他的事业和前途也不会被这件事所影响。

小怡是一个很高傲的女孩，总是觉得自己很厉害。

但当她遇到小木的时候，便开始心生嫉妒。因为小木有一份双休而又高薪的工作，还有一个“高富帅”男朋友，且特别浪漫贴心。嫉妒让小怡变得情绪化，开始口不择言。

一次小木拿着男朋友买来的蛋糕分享给小怡：“小怡，吃蛋糕。”

小怡却给她一个白眼，还冷嘲热讽起来：“呵，这世间的人真的太奇怪了。你这样的居然有人疼，我都没有找到对象，你居然拿着男朋友买的蛋糕来给我吃？你是来挖苦我的吗？”

很明显，小怡是被嫉妒的情绪所控制，让她完全无法理性地面对这块蛋糕。也可以说这种嫉妒里，还有一些自卑的情绪。人只有在自卑的时候，才会去嫉妒别人，而不断地强调自己好。

这其实也是一个心胸的问题，说到底控制情绪也就是情商。每个人都有情绪，控制住了，就能让自己做个体面的人。

你一定要记住，要做一个心态积极阳光的人，不要总是把事情想得太阴暗。这样做，你就不会脱口说出一些阴暗、丧气的话语。同时，你要学会敞开心胸，不要变成小气的人，总是斤斤计较，睚眦必报。这样，你就不会将一些尖酸刻薄、羞辱别人的话脱口而出。

最后，你要学会控制、压住愤怒等情绪。这样你就能更加理性地思考问题，而不会鲁莽地将不该说的话说出口。

为什么我们要控制情绪?

只因为在你没有控制情绪的情况下，往往会说出让你后悔的话语。莽撞、尖酸地将人推到风口浪尖。但是这种情绪化的语言，最后只会让你自己成为笑话，变得可悲。所以一定要控制情绪，别让情绪指挥你说话。

人都有情绪，但是控制和收敛情绪，才是一个有理性的人应该做的，否则一个不小心就会让自己从正轨偏离。

情绪永远是感性的，而成功则永远是理性的。

三思而后行，别再让你的情绪控制你的大脑，别再情绪化地说出让自己后悔的话语。

05 第五章

聊天达人都是倾听高手

该沉默时，别急着开口

有一次，我去参加一个大型活动，当时的台上，是某大企业人员正在介绍自己的科研项目。我去得有些晚，同时因为我们公司不是参会企业，所以落座的位置在会议厅的最后一排。

台上的演说夹杂着方言，因为离得远本就有些听不清，所以我很努力地聚精会神地听着发言人的讲话。就在这时，我身旁忽然坐下两个女人，看样子应该也是被派来参会的人员。

可是这两人从落座开始，便喋喋不休地说自己家婆婆如何，自己家孩子上学的问题，并且越说越激动。台上人说的话，我已经基本上听不到，两耳充满她们的吐槽声。

一个女人说："天啊，我婆婆有多么可怕，你是不知道。早上我要做早饭，晚上回去还要我做饭，真的不是一般的可怕。"

另一个附和道："哎呀，我家那位，完全不干家务。孩子的接送也不管，一整天我都忙得要命，今天还被派来听这玩意儿，真的是烦死了。”

我一直在等她们自觉地停下，却等了许久也没有如我所愿，出于无奈，我只好打断两人：“两位姐姐，麻烦声音小点儿好吗？”

两人回头看了我一眼，却依然如故，继续说着自己的那些家事，言语中我还听到一句，“这种人装什么装，坐在这么后面假装听得认真……”

当时我有些生气，但是毕竟是在会场，我也不可能与她们争执，于是只好努力去听清楚台上人的发言。

我们说话做事都是需要看场合的，有的场合你可以畅所欲言，可有的场合你却必须保持沉默。适当的沉默，是聊天中一个必会的基本技能，更何况台上正在开会。

首先，那是会议场，不是应该叽叽喳喳聊那些日常的地方。其次，台上的发言人才是主角，我们都应该成为他的听众，而不是自己在下面开小会。最后，当有人制止的时候，仍旧不知对错，这真的是一种没素质的表现。

在这样的场合，我们都是听众，就要充当那个沉默的角色，此时，倾听才是本分。在该沉默的时候，变成话痨，除了让人讨厌，还会有什么收获呢？

而我之所以最后选择了沉默，不代表妥协，也不是示弱，只是因为知道在这样的场合不该有争执。

总会有人觉得沉默就是软弱，就是一种退步，其实沉默是一种习惯，也是一种积蓄力量的方式。

该沉默的时候，你选择了说话，那就是不得体。反过来，该你说话的时候，却保持沉默，也是不正确的，这属于矫枉过正。

木罗和男朋友在一起半年之后，仍旧会有意见分歧，有时候就是一些生活上的小事。比如，衣服的晾晒问题，或者一些生活习惯上的小问题。

最初男朋友只要说出任何不满，木罗就会与他吵架，两人会将一件小事转化为一件大事。甚至起因可能就是因为择菜，最后却两人都大发雷霆连饭都没法吃。久而久之，两人之间的矛盾也越来越多，吵架也越来越频繁，男朋友的态度也越来越冷淡，木罗知道不能再这样下去，没有任何一段感情经得起争执。

第二天，因为男朋友脱袜子的习惯，两人再次意见不合。

男朋友表示："这就是我的习惯，你干吗老是要求我的习惯和你一样？我也没有要求你和我一样啊？"

木罗不悦："因为袜子是我洗，是我叠……"

男朋友争辩："那你也不用非要把袜子翻面啊，我自己穿的时候会注意，干吗老是要求我的习惯和你一样，上次是择菜，再上次是晾衣服，下次是不是上厕所都要和你一样？”

木罗压抑着内心的愤怒，选择了沉默，只因为她知道再吵下去，两人又要重复之前的场景了。

随后就听到男朋友自言自语：“真的是，你不管就是了嘛，为了这样的事也要说我……”

再好的感情，争执的次数多了，都会有裂痕。

面对争执，沉默是最好的应对办法。

海明威曾说：“我们花了两年学会说话，却要花上六十年来学会闭嘴。大多数时候，我们说得越多，彼此的距离却越远，矛盾也越多。”

虽然保持沉默很难，但我们却要去学着沉默、学着留白，把矛盾交给时间。有时候，说话太多才会让矛盾深化，让问题变得复杂，少说一句，多退一步，便什么事也不会有。

面对争执，面对对方需要倾诉的场景，你最好的应对便是沉默，给彼此一个空间。

每个人都应该学会沉默，试着去控制自己的冲动，将想说的话压回去。还有的时候多说无益，如果对方根本不想听你的任何辩解，那么你说得越多他越反感。人际交往本就是一件很复杂的事，而说话本来就是一门艺术。

不是所有的时候，都应该开口。当你遇上看破却不能点破的场景，如果你开口，那你便很可能会成为众矢之的。所以，无论你那会儿有多强的欲望想要开口，也请你忍住。

沉默是金，沉默的男人看上去更成熟，沉默的年轻人看上去更稳重，沉默的女人看上去更温柔。不要一味地以为所有的时候，都需要去辩解，要知道此处无声胜有声也是一种境界。

该沉默的时候，别急着开口，学会闭嘴也是一种人生智慧。

倾听，不是让你闭口不言

小斯在公司受了很大的委屈，于是找朋友小森倾诉。

小斯在微信中说："小森，你最近怎么样？"

小森回复："一般般啦。"

小斯叹了口气，说："最近我真的受够了，我们领导真的太过分了，同事还特别有心机，真的是烦心事一大堆啊。"

这时小森便没有了回音，于是小斯接着说："你是不知道，今天啊，他们开会都没有通知我这个主要负责人。最后会议结束了，我去问他们，还不告诉我，只说了一句话就把我堵死了。"

小森依旧没有回复，小斯等了一阵子又问道："你知道他们和我说啥？"

小森依旧没有回复。小斯这时已经有些生气了，觉得自己把小森当知心朋友来找她倾诉，可对方却一句话也不说，显得自己十分像怨妇。于是小斯问道："你有在听吗？"

小森回复："有啊，你怎么不继续说了。"

小斯一时很无语，于是质问道："那你干吗不回复我？一句话也不说，我以为自己对着空气说话呢。"

面对小斯有些生气的语气，小森也有些不高兴："我当你的树洞，听你吐槽这种垃圾，你还挑我毛病？你有病吧？"

倒不是说小斯的语言就是对的，只不过作为一个特别想倾诉的人，如果一直得不到对方的回复，一定会变得更加烦躁、更加气愤。他会感觉自己被忽视了，显得很尴尬，就好像在自编自演。

而作为一个倾听者，小森是失败的。她既没有让小斯感受到温暖，也没有使其感受到关怀，甚至她连存在感都没有。当小斯对此表示抗议的时候，她居然也跟着生气，还觉得自己做得很好。但是实际上，小森就是一个失败的倾听者。

倾听不代表你只需要听，同时你也需要给对方一个回应，表示你一直都在，并且在很认真地听她说。其实很简单，只需要你在对方说的话语里，加入少量的话语，比如，"嗯嗯""然后呢？""不会吧？""天啊！""她们说了什么？"这样简单的回应短语，或者一个小小的，没有太多意义的反问，只是为了让对方继续说下去，让对方知道，你在听，他不是一个人在自说自话。

收到这样的讯息，倾诉者便会知道，对方正在听我说，并有兴趣。如果你真的不想听对方的倾诉，那么你也可以直接告诉对方，“我没兴趣”，只不过你们的朋友关系也可能会就此结束。

作为朋友，当你在很认真地听对方诉说时，那么你可以适当地加入一些短语，表示你的态度。让对方安心，也让对方感受到你的温暖。

其实每个人都需要倾诉，而我们倾诉的时候往往是因为太郁闷，或太烦躁，或太憋屈，有时候甚至就是压力太大，需要倾诉来释放压力。这个时候，人最为脆弱，如果你让对方感受到自己被忽略了，自然会更加丧气、更加气愤，那么他的这一次倾诉也是失败的。

还有时，我们会遇到一些喋喋不休的老人，或是叽里咕噜说个不停的小孩子。

我曾经遇到老人拉着我说着自己的家常，说实话我是不感兴趣的。但是我相信，他一定是有自己的苦闷需要倾诉，也实在没有地方可以说，不然也不会拉着我。所以即便我再不乐意，也会表现出很感兴趣的样子。

在这种情况下，我会带一个短语，“不是吧？”或“哇，老奶奶你真的很厉害啊！”“老奶奶你真是太不容易了。”

我记得有一次，一位老奶奶拉着我说：“我前两天去了西藏，拉萨真的好美啊，现在还觉得很激动。”

于是我顺着她的内心接话：“哇，奶奶你真厉害，身体很棒啊，竟然可以去高原还没反应。你在西藏还遇到了什么好玩的事？”

因为我知道，她此刻很希望我夸赞她，同时很渴望有机会能把心中的这些快乐全部倾倒出来。所以我配合着她内心的渴望，说了一句承上启下的话。如果这个时候，我一言不发，她一定会觉得很扫兴。

小孩子也是一样，记得有一次同事的儿子一直拉着我说：“姐姐，你快看，这是我做的飞机。你知道吗，它是可以飞跃沙漠，飞过大海的。”

虽然我不知道他具体想表达什么，但是我知道他渴望得到我的肯定，于是我应付道：“哇，姐姐看出来很厉害了，哎？这又是什么呢？”

于是他又开始滔滔不绝地告诉我，那是他的另一个宝贝。有时候同样的东西他会给你看很多次，其实也只是因为他真的很想和人分享自己的想法，所以在这时候，为了鼓励他，就一定要应承他，告诉他很棒，并且表示出你对他的那些东西很感兴趣，而不是觉得他烦。

无论是孩子，还是成年人，还是老人，都有各自想诉说的事，可如果没有地方可以说，就会觉得很不舒服。

有时候是快乐的事没有地方可以分享，有时候是悲伤的事没有地方可以宣泄，有时候是愤怒的事没有地方发泄。但是无论是什么情况，诉说的人都渴望有一个能真切回应他的倾听者。

这个人时时刻刻都在，对他所倾诉的内容兴趣十足，同时能随时回应。所以倾听并不是让你当哑巴，而是让你在适当的时候，表示一下自己的存在，让倾诉的人确定找你是对的。

闭口不言，不会显得你更加认真，而是会让两人都变得尴尬。就像小森与小斯那样，最终倾诉者与倾听者都不开心，而倾诉本身是为了通过诉说而变得开心的。

所以别在倾诉者面前沉默、装清高，请认真仔细听他说，也要认真地回复他，让他感受到你的存在和温暖。

即便对方是在吐槽，也请听下去

默默最近遇到了很多糟心事，特别想找人诉说一下自己心中的郁闷。于是她找到了小飞：“小飞，我最近真的是很郁闷，很烦。”

小飞其实不太想听，但还是碍着面子问道：“怎么了？”

默默接着说：“我不是辞职了嘛，到新公司一个月了，没想到新公司根本就是个坑，居然还扣了我这一个月的工资。”

默默又说：“还有，那个同事啊，真的是希望我一天24小时待命，一年365天随时在线。每天都找我问我进度，无论是周末还是工作日，无论是早上八点还是晚上十点，全部不放过我，真的快烦死了。”

小飞听得有点儿烦，便说：“正常，哪里都这样。”

默默觉得心里堵得慌："结果发工资，直接少发了半个月，还说是因为经常看不到我人。明明我就不是坐班的啊，怎么可能天天看到我？这不是当初说好的嘛。"

默默又说："还有我家里也是一团糟，我妈非要我换一份工作，说不能在家坐班。"

小飞不耐烦地说："你已经絮絮叨叨很久了，负能量怎么这么重？你能不能正能量一点？"

默默不再说话，只是心里更加难受了。

德谟克利特曾说："只愿说而不愿听，是贪婪的一种形式。"所以我们要从倾听开始，做一个有涵养的人。

小飞的问题便是根本不愿意倾听，完全不在乎对方，只是觉得自己不耐烦，让对方住嘴。但你要知道，一个人会找你倾诉她的糟糕生活，说明她是真把你当朋友。

没有人愿意将自己糟糕的生活告知天下人，也不想随便跟一个陌生人去倾诉，只是因为关系好，觉得你会帮他，会让他感到温暖，所以才会找你诉说这些"负能量"。

很多时候倾听者总是会觉得说话的人烦，却忽略了这也是一份情谊。愿意开口诉说，便是看重你，而你也应该做好这个倾听者的角色。或许有许多情绪垃圾，或许有许多负能量，或许有许多无营养的话，但是也请你听下去。

安静地听下去，并且要不停地表示你在听，让对方感到温暖，感到你的存在。其实一个人的倾诉，本身就是一个渴望温暖的过程。许多时候，将心里的郁闷说出来，心情自然就会变好了。毕竟每个人都会遇到不开心的事。

今天是她吐槽，可能明天就轮到你郁结于心无人可言。

这一次，你认真倾听她，下一次，她也会倾听你，彼此互为树洞接受彼此的“垃圾”。

利君是个话痨，总是喜欢絮絮叨叨地说个不停。

有一天，他跑来和好朋友何其诉说：“你知道吗，我们班的班花是健身教练，身材可好了。你看，我现在都成啤酒肚了，怎么办啊？”

何其象征性地应付道：“减肥呗。”

利君又说道：“你还记得班上的刀仔吗？现在在中科院读博士呢，哇，真的是想不到，当年那个小胖子居然有了这样的成就。你看我，到现在还是个小职员，真是人比人气死人。”

何其没有反应，仍旧在玩自己的游戏。

利君有些不悦，但是没有停止，而是继续说道：“对了，就是那个你以前追过的姑娘，现在结婚了，找了一个工程师老公，好像过得还不错。怎么感觉大家都过得比我好啊，现在是怎么了，我是不是真的很失败？”

何其手指仍旧在手机上游走，头也不抬地回复："哦，可能是吧。"

利君开始生气，质问道："你到底有没有在听我说话啊？"

何其抬头看了一眼利君："我听了啊，不就是在说咱们那些同学嘛。"

利君十分无语，直接站了起来，边走边说："算了，你还是打游戏吧！"

当朋友向你吐槽的时候，你却在干别的事，完全不在状态，被质问之后，仍旧觉得自己没有错。这也是倾听中值得注意的地方，不要假装在倾听，实际在敷衍。

我们都知道，人有的时候吐槽，就是渴望有人回应，有人告诉自己有同感。或是和他一起感慨当年，顺着话题说一说。

可是你却既不认真听，也不认真回答。

因为你没有认真听，所以可能会漏听、错听。最后就会答不对题，于是变成了你承认对方很差劲。可实际上，说话的人绝对不想得到这个答案，他的内心是希望你否定的。

以前有知心姐姐这个栏目，接收的就是来自大江南北不同人的心声和吐槽。为什么大家都很喜欢这个栏目呢？因为人人心中都有想说的话，都渴望有人听听自己的心声。

倾听是一个好习惯，不要去嫌弃任何话题的吐槽。一个人找你倾诉，说明他信任你，你要珍惜这份信任。如果你不认真倾听，那么你就可能会失去这样一位朋友，也可能导致你身边的每一位朋友都悄然离开你。

并不是让你成为朋友的“垃圾桶”，对于负能量的信息你可以左耳朵进右耳朵出，但是在当时你必须认真地倾听。不要干自己的事，不要发呆，要认真专注的倾听。并且不要嫌别人烦，而要珍惜对方。

即使对方是在吐槽，是你讨厌的负能量，也请你听下去。倾听是一种尊重，也是一种素质。

耳朵听的是对方的心

情侣之间总会出现的问题，便是对方的暗示，你没有看懂或者弄错意思。

小涛与文文相恋两年了。

小涛比较粗心，一次他对文文说：“今晚我要去参加同学聚会，没法陪你去看电影了，我们明天去看吧。”

文文应声道：“哦，随你。”

小涛很开心地走到门口准备换鞋出门：“那我晚点回来，好久没聚了，估计还得喝几杯。”

文文头也没有抬地说：“你去啊，你喝啊。多喝点，最好喝通宵，晚上也别回来了。”

小涛误以为文文很支持自己，还高兴地说：“肯定不会通宵啦，估计十一点左右就回来了，不用等我，你先睡。”

文文看着电视："放心，我不会等你的。"

小涛乐颠颠地去参加聚会，文文气哼哼地怒视着他的背影。

其实这样的情况，情侣之间经常会发生。比如，拒绝吃某一样东西，拖延一场约会，甚至谈起前女友之类的都会让对方隐隐不爽，但是有时候又不好直说"你不要去"，便只能像文文一样，在说话中表达自己的不满意。可惜小涛竟然对此毫无察觉。

在对话中，无论是情侣还是朋友，当对方对你说的要去做的事，是用很无所谓、很平淡的声音说"哦，随你"的时候，其实隐藏的意思是对你要去做的这件事很不满，也就是并不想你去的。

当你说完自己的想法，对方回复"随你"的时候，你便会很直接地认为是字面意思。请不要忽略人的语气，它表达的常常是一种态度。如果是真的"随你"的话，便是看着你比较开心，语调比较轻快地说"好啊，随你嘛"。

后面文文说的那番话，很明显也不是让你放心去玩的意思。这个时候也一定要注意语气，如果是有点想你赶紧走，带着一种不悦说"你去啊"，隐藏的意思便是"你要是去了，你就完了"。

如果真的是表达"你去啊"这样的字面意思，应该是语气轻快，语调平和："嗯嗯，你去嘛。"

与朋友相处的时候也是一样，有时候对方不会明说，但是会在话语里暗示你。就好比你说“吃肥肠怎么样啊”，如果对方是笑着看向你，拼命点头说“好啊好啊”，这就是真的表示同意。如果对方是头也不抬，语气平淡还有一点儿不乐意地说“行吧，随你”，那就是表示并不是很赞同，他有自己的想法，但是又不好直接说出来。

所以一定要在听别人说话的时候，去体会对方隐藏的意思，而不是只听表面的意思。要观察语气、判断语调，然后确定对方到底是什么态度，一旦判断错了，有时候会埋下深水炸弹，一触即发。

还有的时候，对方会通过语言中的情绪来表达是否想继续这个话题。

珊珊与韦博是同事，平时两人在公司关系还不错，午饭时间也都会坐在一起吃饭。最近韦博因为太太的原因，心情不太好。

珊珊便问韦博：“怎么了，博哥？最近看你天天闷闷不乐。”

韦博摇了摇头：“没啥事儿，家里的事儿有点烦。”

珊珊却仍旧追问道：“是不是你老婆？她又咋啦？上次因为没买东西而大吵大闹，这次又因为啥？”

韦博脸上有些不乐意，于是有些不耐烦地说：“真的没事，你下个星期的考试准备好了吗？”

珊珊却还是穷追不舍地问：“博哥，咱俩什么关系，有啥事你就说呗，也许我还能帮你分担一下。”

韦博吃了两口饭，语气更加不耐烦，带着一丝怒意：“我吃完了，先走了。”

珊珊看着他的背影说道：“到底怎么了，你刚吃了两口就吃完了？”

其实人许多时候要有自知之明，因为说话的人或许为了不让你没台阶下，所以会说得比较隐晦。而不是直接说，“你别说了！烦不烦！”所以此刻，你需要留意对方的语气、语调以及话里话外的真意。

当韦博说“没事”“真的没事”，就是表明他真的有事，但是这件事属于隐私，不足与外人道。甚至他转移话题到珊珊身上，此时珊珊就应该很明确地知道对方不想说，想要换话题，而不是继续追问。

这个时候追问，就会显得没有眼力，从而惹人讨厌。说话之所以是艺术，不仅仅是指说话好听，还要有分寸、知进退，给对方一个台阶下。如果韦博直接撕破脸说，“别再说了”，那便会让珊珊尴尬、难堪，所以他在这个时候采取了迂回的方式，用语气语调与“没啥事”，再加转移话题来暗示自己并不想讨论这个话题。

有时候，你会发现当你在说某事的时候，对方态度敷衍，

“哦”“嗯”“还行吧”，就是在暗示你，他不想再继续这个话题。

有时候是对这个话题不感兴趣，有时候是不希望别人问。前者会敷衍，会有点不耐烦，或者会主动挑起别的话题；后者会有点不乐意，会多次表示“没事”，并且转移话题。

如果对方忽然转移话题，那一定是不想继续这个话题。这个时候如果你想继续聊下去，那就要顺着对方的想法说下去，而不是对之前的问题穷追不舍。

语言除了内容还有语气、语调，是敷衍还是不满又或是欣喜都会有所体现。所以一定要察言观色，学会聆听对方内心深处的意思，而不要只看表象。

伏尔泰曾说：“耳朵是通向心灵的路。”

耳朵听的是对方的心，绝不是表面的声音，千万不要被表面的言语所迷惑，否则就是给自己挖坑。

促膝长谈，也得先听才能谈

某宿舍有4个同学，临近毕业的时候，大家开始谈论关于爱情的话题。

室友A兴奋地说：“我啊，就想找一个很疼我的，你们呢？”

室友B说：“嗯，我就想和现在的男朋友走下去，但是不想结婚。”

室友C说：“你现在说得轻巧，估计到时候就结婚了吧。我呢就……”

室友D忽然打断他们：“哎呀，我看你们肯定会结婚，想都不用想。”然后歪着头说，“我觉得结婚还好久远，谁让我是母胎单身呢。”

室友B笑着说：“你可算了吧，追你的人那么多，还不是你要求太高。”

室友C缓和了一下刚刚的尴尬，又笑着说："就是，肯定是你要求太高……"

室友D再次打断他们："才不是，我哪有要求高，就只有你们总说我要求高。上次那个男生，他太矮了，不到一米七，还有上上次那个，他比我年龄还小，天啊，姐弟恋吗？还有另外一个男生，不是我说，他实在是长得……哎，还有啊……"于是D开始絮絮叨叨地说着自己的事情，被打断的C有些尴尬，而一直没开口的A则根本找不到切入点。

最后一场聊天却变成了D一个人的独角戏，D甚至还忽然停下来问C："哎，对了，你刚刚说你想要一个什么样的？"

众人无语地看着D摇摇头，C尴尬地笑道："刚刚你打断了我的话，我现在已经忘了自己想说什么了……"

聊天的时候，每个人说的话我们都应该认真倾听，如果总是只顾着自己说，便会忽略了对方曾经说过的话。等你再返回去询问，场面定然会变得更加尴尬。

当听到一个自己感兴趣的点之后，便迫不及待地想要表达自己的观点，或者讲述自己的经历，甚至毫不留情地将对方打断，而让聊天直接进入尴尬的状态。这样的情况其实很多，一个是打断，一个是插嘴。当对方正在陈述观点的时候，你忽然打断别人，急于表达自己的感受，这样会打乱整个聊天节奏。而你如果突然插嘴，问对方别的问题，同样也会破坏聊天节奏，让场面变得很尴尬。

假设当你正在表达观点的时候，忽然有人插嘴：“你还没有和我们说说你什么时候结的婚呢！”而此时你正在说你最近看到的一个新产品的性能，对方的插嘴会让你进退两难，或许你会说：“等下再说这个，让我先把这个产品说完。”可是对方如果不依不饶，你会怎么想，又该怎么做呢？

所以请你换位思考，多聆听别人，而不要总是管不住自己的嘴，抢着去说自己的感受。

还有的人，总在对方想表达观点的时候打断对方：“你先听我说。”对方只好尴尬地将想说的话语吞回去，然后面无表情地听你说，而这个听，肯定带有了一丝不爽。

晓玲与玉儿是好朋友，两人相约在咖啡馆聊天，随性便聊起关于高中时候的往事。

晓玲说：“那时候我记得，我和你还不熟，你就整天埋头学习，我刚开始去问你问题，你还不太搭理我呢。”

玉儿笑嘻嘻地说：“我……”

晓玲挥挥手说：“哎呀，我还没有说完。但是我就觉得你特别好看，长得很可爱。于是就经常去找你，骚扰你。刚开始你对我好凶哦，还有一次你挥着笔就向我冲过来，把我吓死了。”

玉儿害羞地说："我哪知道嘛，总是有人打扰我做题……"

晓玲很激动地再次打断："你让我说完嘛，别急着说话啦。精彩还在后面……"

晓玲总是打断玉儿，不让玉儿说话，并总是用类似"我还没有说完"之类的话语阻止玉儿发言。这样的行为其实是很不礼貌的，无论你们是多好的朋友关系，都会让对方感到尴尬。

更何况你们是在聊天，不是演讲。玉儿搭话，也是为了让这个聊天看起来不像是你一个人的自导自演，也是想参与进来。而晓玲的阻断，就让两个人的聊天直接变成了演说。

到最后晓玲还用更强硬的语气，让玉儿彻底闭嘴，甚至不想再开口，所有的气氛全部毁了。

晓玲最初的目的也是想和玉儿追忆往昔，但是总是不让对方说话，哪里还有往昔可追忆呢。既然是追忆，当然要听听对方当时对你的一个看法，而你总是只顾自己，又怎么让两人深入交流呢？

这样一来，所谓的促膝长谈，也就变成了你的独角戏，原本的情怀也荡然无存。

最可怕的一种情况是，本来是两个人准备对一件事进行深入讨论。但是有一个人总是不听对方说话，而是自顾自说，这又如何算得上讨论？

说话的时候一定要给对方留足空间，给对方发表言论的机会。还要观察对方的表情、肢体语言，如果对方表现出不满，或者不开心，要及时停止言论。比如玉儿，她的话在被打断之后，表情一定是尴尬并且不爽的。这种时候，你一定要学会观察这些细节，因为这是两个人的对话，不是一个人的演讲。

卡耐基曾在《人性的弱点》一书中写道："做一个善于倾听的人，鼓励别人谈论他们自己，这是让别人喜欢你的方式之一。"

所以，倾听的时候要有耐心，无论你是否对对方所说的内容感兴趣，也不管对方是否说的冗长而乏味，也要尽量听下去。不要随便打断、插嘴，甚至直接阻止对方说话。

促膝长谈，也要先听才能谈。所以无论何时何地，请别忘记你有两只耳朵，却只有一张嘴。

倾听是一种别样的安慰

亮亮最近有许多烦心事，曾经受过的伤再次浮现，让她很难受。百般无奈之下，她找到小于诉说自己的郁闷：“你知道我今天遇到谁了吗？”

小于好奇地问：“谁啊？”

她说：“我今天遇到巧巧了，又想起初中的那些事。虽然过去十年了，可还是很难受，每每想起心都会痛。到今天我也不明白，为什么会有人这样对我。”

小于安慰道：“你有什么不开心的尽管说出来，我在，我会一直听。”

亮亮叹了一口气，望着夜空说：“其实我一直害怕自己把那件事记这么久，会被人说记仇小气，所以我不敢和任何人说。可是今天看到她，虽然她都不认识我了，但是我……还是觉得难受。我是不是真的太小气？”

小于轻声说：“怎么会？那件事对你伤害那么重，怎么能说小气呢？”

亮亮松了一口气：“那确实，我的初中后两年都因为这件事而改变，在学校受过的苦，挨过的巴掌，真的忘不了。可是大家都说我是小心眼儿，这样的事记那么久，都过去很久了，该忘记……我真的应该忘记吗？”

小于安慰亮亮：“谁都没有资格来评判你的决定，因为他们都不是当事人，如果你感到不开心，有什么想法都可以告诉我。”

倾听的时候可以像小于一样顺着亮亮的话语进行回答，并且每一句话都要让对方知道，“你在”“你一直都在”，好让对方安心。

当一个人心中郁闷又自我怀疑的时候，一般会如此，会问问题，渴望得到一个稳妥且肯定的答案。而这个时候，倾听者便是要给出这个答案的人。

而有的人，总是在对方倾诉的时候十分冷静理性地教对方做人：“你怎么这么小气，竟然还记得？这种十年前的事，赶紧忘记好吗？”

从理性的角度来说，这些话也许是对的，但是从此时的情景来说，这种说法可能会让倾诉者更加郁闷。如果她真的忍受不了这种郁闷，而酿成什么恶果，你会不会后悔呢？

不是所有的事情在所有的时间都可以用理性去分析，用冷静去面对的。因为你不懂她受过的苦，不知道她的内心是什么动态，甚至不愿意聆听她的苦闷。这个时候既然她找到你，一定是心中有苦不能言，觉得你是一个可靠的倾诉对象，希望你可以帮助她解脱。

人之所以会倾诉，大多数是因为心中积满了苦闷。当有人可倾听的时候，他就会变得放松，渐渐地走出那种苦闷。这便是为什么有的人倾诉完，会有一种如释重负的感觉。

你是否也曾在黑夜里苦恼，有些事不能和所有人说，更不能有所行动，从而让自己越来越压抑。每个人都会有这样的时候，或许是压力太大感到吃不消，或许是想起某个男生，或许是生活压抑让你开始抑郁，于是你迫切地渴望有人倾听你的内心。

有时候安慰不一定需要你说很多话语，只需要你一直在听就好。苦闷，不是跟谁都可以倾诉的，能找到你来倾诉便说明你在对方心中的地位，以及对你的信任。而诉说者也只是希望有人听她诉说那些内心的郁闷，以及那些并不是很美好的事，从而得到解脱。

倾听是一种礼貌，也是一种美德，更是一种高效的安慰。安慰的方式有许多种，但只有倾听是可以让人将所有的故事、所有的苦闷都说出来的。所以当有人向你倾诉的时候，你并不需要做太多，只需要耐心地倾听她的故事即可。

记住，“倾听别人讲话，耐心地听，仔细认真地听，别人就会喜欢你”，倾听不仅仅是让对方得到了发泄与解脱，也让你得到了对方的尊重。

说得再多，也不如在他人难过的时候，静静听完他的故事。

06 第六章

诚心赞美他人，并不虚伪

话是说给对方听的

小美心肠很好，但是她说话过于直白，以至于别人不愿意与她交流。

比如，闺蜜向她诉说自己的现状："最近工作不顺，男朋友还动不动就和我吵架，快烦死了。"

小美安慰道："哎呀，连你这样的人都能有不错的工作和男朋友，还有什么可烦的，知足吧！"

闺蜜一时语塞，不知道小美到底是夸赞她运气好，还是贬低她不咋地，于是说："男朋友最近都不搭理我，动不动就和我生气，朝我发脾气。公司更是一团糟，上司最近也老是针对我，给我布置很多任务。"

小美沉思了一下，说："你别不知足了！你只有大专学历，能找到现在的公司已经很不错了。而且你男朋友可是研究生毕业，人还长得帅，我之前听你说他还给你熬汤喝，多么贴心呀！”

闺蜜一听就有些不舒服了，带着怒气说：“你是来挖苦我的吗？”

小美很委屈，连忙辩解：“我没有挖苦你啊，我不是在安慰你嘛，想告诉你现在就很好，不要觉得自己过得很糟糕啊。”

闺蜜生气地挂断电话：“算了吧。”

其实小美真的是想安慰闺蜜的，可是口不应心，说出来的话怎么听都透着一股挖苦的味道。

闺蜜之所以会误会小美，问题在于小美不会说话，不知道如何称赞人，也不知道如何去安慰人。

其实这种情况处理起来很简单，小美只需要换个说法便可以了。“知足啦小姐妹，你想想还有那么多比你过得更惨的人。再说了，人总是有低谷是不是？你看你男朋友还经常给你熬汤，不是挺好的嘛。像现在那么多的直男，别提熬汤了，连做饭都没有可能。还有啊，你小姐妹我还单身呢，快看看我像不像柠檬树下的柠檬？”

最好的安慰方式是把她所拥有的优势说出来，并且给她一个对比，让她知道自己的处境其实很不错。而不能强调对方不够好，这样会让人感觉你是在损对方，在嫉妒，在不安好心。而如果你让她感到自己优势满满，自然会信心满满，也就会觉得自己还不错了。

将对方的短处说出来，并做对比，会很容易让人感到不舒服。但如果你越过她的短处，或者是让她感觉到自己的短处其实是优势，她不但不会生气，反而心里会觉得暖暖的，就好像得到了赞许一样。

有一次我给一个编辑投稿，本来我也没抱有太多希望，但是她兴奋地对我说："这个故事很有趣，我很久没有看到这么有趣的故事了。真的很棒，还有没有这样有趣的故事？"

她说完之后我高兴了很久，心中的不自信也随之而散，这就是赞许的力量。能让听者感受到力量，感受到认可。

还有一次，我很忐忑地问编辑，很害怕她会说我写得不好。但是出乎意料的是，她赞许道："写得很好，是这一批里写得最好的。我对你很有信心，你也要有信心。"

赞扬是一种力量，人得到认可后会满心欣喜，做事也更加有干劲。于是当天我斗志十足，熬夜到很晚写完了大纲。

当然，我也收到过贬低的话语，当时写那本书的时候对自己充满怀疑，完全没有信心。有一天，另一个编辑突然对我说："这本书质量堪忧，写得很差。"

当时我的心一凉，感觉这一份心血可能就此白费。这样的话语，致使我再次怀疑自己、反省自己。

其实说话除了是给人听的之外，还会对人造成一定的影响，一是对方听了会产生一系列的反应；二是这个反应也会反馈给你，也就是会影响你。

别人有不足你可以提出来，但是赞扬也是少不了的。如果你只说对方的不足，对方就会感觉到被贬低，会从内心深处很不舒服。

或许，你会觉得这不关你的事，但若是放在招聘上，则会体现一家公司的水准。如果你在面试的时候对应聘者态度恶劣，那么对方自然会将你们公司列入黑名单，因为这家公司不尊重人。

有一次我去面试，面试官对我说了这么几句话。

“你写作能力不行，没这个本事。

“这份工作你做不了。

“你肯定不行。”

其实当时面试是他找我去的，并不是我自己投递简历应聘的。但是去了之后他一直在告诉我“你不行，你不适合”，让我一度很想知道，如果我不合适、不行，那么你打电话让我过来面试是为了什么？难道就是为了当面羞辱我吗？

这便是说话的艺术。也许我是真的不合适，但你可以说：“我觉得你很优秀，在许多方面很有能力，但是可能与这个岗位有一定的差距，真的很抱歉，不能与你共事。”

虽然也是拒绝，但是说话会好听许多，不会显得那么咄咄逼人，那么高高在上，一句话将对方全盘否定。

无论是面试官，还是普通人，说话都是给人听的，都是在传达消息。我想每个人说话之前都不想得罪人，所以为何要使用贬损之词呢？

小美因为不会夸赞人，将满心的安慰之意变成了贬损之语，致使她失去了最好的朋友。这就是说话的失败之处，本意与说的话完全相反。

永远要记住，话是说给对方听的，请你学会在说话的时候考虑到自己的目的，说好每一句话，别让你的任性害了你。

甜言蜜语会让对话更融洽

小刚与女朋友小青谈恋爱已经有半年了，但是总是在外面吃饭，并没有涉及做饭这件事。

一次小青生病发烧，小刚过来照顾她，知道她发烧很难受，就打算给她煮面。在这之前，小刚从没有下过厨房，几乎不会做饭。但是为了女友，他想亲自下厨，毕竟叫外卖可能也没有家里的食材好。

小刚忙了许久才做好，然后叫醒昏昏沉沉的小青。可是小青刚吃了一口便说："天啊，好难吃。"

小刚有些尴尬："你要吃，生病了必须吃点东西。"

小青皱着眉头，将碗推了推："不好吃，我不想吃。"

小刚的脸色微微有些难看，只好将碗放在一旁，说："那你先等着，我出去给你买。"

小青猛然感觉到自己说错了话，连忙道歉："啊，对不起，对不起，我刚刚烧得迷迷糊糊的，味觉不大好，所以才会说不好吃。味道肯定是好吃的，只是我现在尝不出来。"

有些话一旦说出口，道歉也不能从根本上解决问题。小刚做的饭或许不太好吃，但是他从来没有下过厨，却为了小青下厨，作为情侣应当鼓励，而不是泼冷水。

这时就算真的很难吃，小青也应该委婉地说"挺好吃的呢，如果下次能再加一个鸡蛋就更好了"或者"挺好吃的，就是太麻烦了，下次直接买来吃就行了"。

更何况对方是为了照顾你，才会下厨做饭。我们不能把这一切当作理所当然，而是要在这个时候对对方说"谢谢"。

相处久了，有些情侣开始觉得说话可以随意，不用在意说话的艺术。可是却忽略了最亲的人可能会伤人最深。开口一句恶语，你或许觉得只是一个玩笑，可是在对方的心里可能会成了一个伤口，落在心中忘不掉。

或许你会说，怎么这么矫情，都在一起这么久了，说两句调侃的话怎么了。

你以为是调侃，但其实会变成贬低。就好像你的女朋友胖了，你天天在她耳边调侃她是小胖子，她一定会觉得你是在嫌弃她。越是关系好的人，越要多注意说话，否则她离开了你，也将是你的痛苦。

情侣之间的说话，一样存在许多技巧。没有人愿意听到自己的伴侣说自己的不好，也不想听虚伪的称赞。就好比菜不好吃，最好笑着说：“还可以，不过，是不是淡了一点。”

如果女朋友长胖了，问你穿的衣服好不好看，你应当说“挺好的，不过我觉得那件上衣搭配更好看”。如果你不喜欢女朋友身上的这件衣服，可以拿另外一件，建议说，“我觉得你穿这件更好看，显得更加年轻，青春气息比较强”。

说话简单，也不简单。要说好，你必然不可以太任性、太随性，不顾后果地脱口而出。

小茹与男朋友在一起有三年了。男朋友和她说话，态度总是很平淡，平淡到几乎没有情绪。

小茹穿了新衣服在他面前晃，问他怎么样，他抬头看了一眼：“还行，挺好的。”虽然好像参与了，也没有贬低对方，可语气却是明显地在敷衍。

吃饭的时候，小茹夹菜给男朋友，他低头吃下，然后说：“别给我夹了。”

每逢情人节，男朋友从不关注。当小茹神神秘秘地拿着一个盒子出来，问男朋友“你猜这是什么？再猜猜今天是什么日子”时，男朋友一脸懵懂地看着她：“什么日子？”然后又有些不耐烦地看着她手里的东西："你又买了什么？"

小茹终于忍不住说："今天情人节，你也忘记了？"

男朋友疑惑地看着小茹："咱们相恋三年了，还过什么情人节？"

小茹再也无法忍受地说："你多久没有给我说过一句情话了？多久没有称赞过我一次？每次都是敷衍我，都是一种老夫老妻不需要再有表示的样子！"

其实无论恋爱多久或结婚多久，永远不要用老夫老妻作为口头禅。只有一直保持新鲜感，你们的感情才不会过期，生活才会有趣。

你可以表现得熟络，也可以调侃，但是偶尔的甜言蜜语却不能忘记，因为这是将感情更好地保鲜下去的方法之一。

当小茹穿着裙子出来的时候，男朋友应当说"挺好看的，亲爱的穿什么都好看，什么时候买的呀？还挺别致的呢"。

本来小茹便是来找话题，如果男朋友敷衍了事，就是切断了话题，也是一种不关心的态度。

明明只是一句很简单的互动，为何偏偏说出来这么难？感情不经营，迟早要完。没有永远的退让，只有永远的相互扶持。

有的情侣十年如一日的甜蜜，而有的一年不到就已经开始淡漠，为什么？就是因为日常不经营，不会用甜言蜜语调节气氛。

一段感情不经营，不去营造浪漫氛围，怎么可能保鲜呢？

聊天本来就是生活中最简单最基础的事，如果连话都不会好好说，自然也不可能指望有什么惊喜。所以一定要多赞美对方，还要多表达自己对他的关怀，哪怕你的甜言蜜语是土味情话，我想你的爱人也一定不会嫌弃，反而会欢喜。

日常相处中，即便是提出问题，也要说得委婉，不伤人面子。不要说那些伤人的话，尤其是一些调侃的恶语，类似于“你好胖”“你好丑”之类的。总是挂在嘴边，就不再是调侃，而变成嫌弃了，伤害对方，自然也会伤了你们的感情。

恋人之间的聊天，也不能过于随意，要让甜蜜包围着彼此，而不是让周身充斥着戾气与淡漠。

甜言蜜语，才会让两人聊天更加融洽，让感情保鲜期更长。

真诚地夸赞对方，不是虚伪

小王与小徐是合租的室友。有一次小徐下班回家发现小王正戴着围裙在做饭，闻着味道很香。

小王看到小徐走进来，便问道：“哎，你回来啦，今天正好有点时间，我就下厨练练手艺，你快来尝尝好吃不？”

小徐笑了笑，点头道：“好，我先去洗个手。”走进自己房间，她开始焦虑，很害怕对方做得不好吃，如果她夸赞了就显得很假。可是如果真的很好吃，又害怕夸赞变成拍马屁。

小王将爆炒鱿鱼放到小徐面前：“尝尝这个……”

小徐尝了后说道：“还行吧，感觉味道欠了一点。”

小王有点失落：“这样啊，那你再尝尝这个，卤牛肉！”又将一盘卤牛肉推到小徐面前让她尝。

小徐尝了一口，有些尴尬地说道：“好像……不够入味，还有点不够软，有点塞牙……”

小王的脸色变得有些难看，只好尴尬地放下盘子，低落地说道：“好吧，那你凑合吃一顿吧。”

其实夸赞并不难，只要是你真心觉得对方做得好，就一定要赞扬对方。当有人让你评价厨艺的时候，如果一般般，你也可以夸赞他：“可以啊，这年头会下厨的人已经不多了，你很厉害啊。”

这样的夸赞永远不会让人觉得虚伪，而你也不要觉得夸赞别人是虚伪。

心理学家威廉姆·杰尔士曾说：“人性最深切的需求就是渴望别人的欣赏。”

有的人总会把夸赞当成虚伪，这个时候有两种情况：一是夸赞的人不够真诚；二是说话的人不愿意夸赞对方。但是实际上，只要你说话到位，那便是夸赞，除非你不用心，只是随便打个马虎眼，那自然是虚伪的。

还有的人说：“我们是朋友，总是夸赞的话，显得太虚伪、太生疏。”这样的说法自然是大错特错，因为说这话的人根本不懂什么是朋友。

无论是什么样的关系，夸赞都会让彼此得到满足，让两人的关系更加密切。谁会不喜欢被夸赞呢？

如果想人际关系好，那么赞扬别人自然就是你必须要做的事。如果你总觉得这是虚伪的，那么只能说虚伪的是你自己。

明明觉得对方很棒、很厉害，却偏偏吝啬自己的言语，一句赞扬也不愿说。除了虚伪，你还是个小气的人，你嫉妒对方的优秀，所以你才会吝啬用语言夸赞对方。否则，为什么你不愿意？

如果你不是嫉妒对方，也不是一个小气的人，那么就大胆地去夸赞对方。只要对方做得好，你都可以夸赞。比如，小徐对小王做的菜不够满意，可以说："味道还不错，看你平时总叫外卖，我还以为你不会做饭，看来以后跟着你有好吃的了。"

如果味道很好吃，那么大可放心地夸赞："嗯，这个鱿鱼真好吃，我就喜欢吃这种辣辣的，吃起来很过瘾。"这样一点儿也不夸张，一点也不虚伪，而是很自然的夸赞，因为你是真心的。

虚伪是当你一边表扬对方，一边背地里吐槽对方，那才叫虚伪。如果你心中就是这么觉得，把你心中所想的说出来，怎么能叫虚伪呢？

有的人会将拍马屁误以为是夸赞，那也是错误的想法，因为那种拍马屁才叫虚伪。

小方看到小雨穿着一件新衣服，于是忙凑上去说："哇，这个衣服真好看，天啊，你的肤色配上这个淡蓝色的裙子，简直天仙一般。今天是约了人吗？打扮得这么好看！还有这个口红真的和你很配呢，什么色号呀？”

小雨有点腼腆地笑了笑：“是啊，今天老同学聚会，所以就精挑细选了很久。”

小方笑着说：“难怪哦，真的很好看。你一定是今晚最亮的那颗星！”

小雨笑着说：“谢谢！”

小方忙说：“对啦，那个业务想好了没？月底可是就要结束了哦。”

小雨边走边笑着说：“好啊，等我回来，明天就去报名。”

小方挥了挥手：“那可说好了哦，明天不见不散。”

然而小雨渐渐远去之后，小方一旁的同事问道：“她的肤色偏黑，穿了那个衣服明显更黑，还有那个口红颜色也并不好看，很奇怪的打扮，你居然夸得面不改色？”

小方一脸嫌弃地说：“如果不是想靠她拉业绩，我会夸赞她吗？就她那个样子……我是一言难尽。”

很明显，小方是虚伪的，这种夸赞是虚假的，是为了一种利益而使用的手段，而非真心发自内心的。

其实无论是出于什么目的，都可以真诚地夸赞对方。

如果一个人相貌不出众，你可以夸赞对方：“你的气质真好。”也可以夸赞对方有才华，比如你知道对方毛笔字写得很好，那么你可以说：“你的字写得真好，是不是练过？”

拍马屁不是夸赞，真正的夸赞都是发自内心的，真诚的，没有任何虚假的，绝不会转身便吐槽对方。

除了当面夸赞，还可以背着对方，与第三方聊天的时候夸赞。同样，要真心真诚地去夸赞对方。你或许不喜欢她，但是你一旦要说夸赞她的话，一定要选择一个你真的佩服的方面。

同时，夸赞人的时候要尽可能地说详细。比如，工作效率、写方案的能力、做某个菜的水准，或者是她做的某一件事。

而不是宽泛地去夸赞对方，比如，“某某做饭真好吃”，可你没有举例子，让这句话的真实程度打了折扣。比如，“某某真好看”，你没有描述她哪里好看。又或者是你说，“某某人真好”，同样她到底哪里好？举一个例子，说一个事件来补充你的夸赞内容，才会让这个夸赞更加真实可靠。

生活当中，我们难免会需要夸赞对方，所以一定要记住不要吝啬给对方夸赞，也不要虚伪的夸赞。要真诚发自内心地去夸赞对方，话语之间要将夸赞的内容落实在细节上。

真诚地夸赞别人，不是虚伪。真正的虚伪是你连夸赞都吝啬，成为一个小气的人。

学会观察对方的闪光点

小迪的父母总是喜欢说小迪的缺点。当小迪拿了公司的销售冠军回家，开开心心地宣布这件好事时，父母却说：“你真的是话痨，又懒惰！你看看自己这邋遢模样，你再看看自己住的地方，简直像狗窝似的。你同学都是211毕业，就你只上了个二本，真的是丢人，现在人家都结婚了，你还是单身，还在这里洋洋自得，简直是恬不知耻。”

于是小迪将喜讯默默地吞回肚子里，静静地将孝敬父母的按摩仪放下，便进了房间。

小海的男朋友也总是喜欢挑她的刺：“你看你，还吃，都胖成什么样了！”

小海去厨房，男朋友说：“你又去厨房干什么？上次的事件还不够警醒吗？你看看自己能干什么，饭不会做，地也不擦，衣服也不洗，身体也不锻炼，还不会打扮自己……简直是不成人形，带你出去我都嫌丢脸。”

小海背过脸，哭了起来，又被男朋友训斥：“你看你还爱哭！就是个玻璃心，烦死了。”

男朋友的话语把小海说得那么不堪，可是在职场上，她是领导最得力的助手。与人谈判，她是最厉害的谈判专家，成功率也是全公司最高的。可是这些男朋友从来不去关注，也从来不提及，反而反复地强调那些她做得不好的事情。

其实无论是谁，都渴望被赞扬。如果你总是批评一个人，眼中只剩下对方的缺点，开口闭口都是对方的不好，那么两个人又该怎么相处呢?

如果你的伴侣、你的朋友，总是说你的缺点，让你觉得自己一无是处，你一定也会感到伤心难过，甚至自我怀疑。

所以，我们要多发现一个人的闪光点。一个很邋遢的人，可能绝顶聪明；一个行为怪异的人，可能有着与常人不一样的脑回路。发现一个人的闪光点，也是发现你自己的闪光点，让你自己变得更加阳光。

人无完人，没有任何人是完美无缺的，但同样，也没有任何人只有缺点而没有优点。当我们看别人的时候，总是会先看到对方的缺点，这就是人性的弱点。

可是，如果我们总是指责对方的不好，嘴里说着别人的那些不完美，看着别人的那些缺点，我们的世界也是不美好的。你的眼中从此只有这些糟糕的阴暗的事物，而忘却了光明。假设别人也是这样看你，从来不去寻找你的闪光点，反而天天说你的缺点，你是否开心呢？

说话自然是越好听越好，与人聊天，若总是数落对方，这交流一定是不快乐的。如果你能在言语中对一个人认可，让她感到自己其实很棒，她一定也会对你心怀善意。而这样的夸赞其实并不难，毕竟一个人纵使有许多不好的地方，但是总会有优点。

我上初中的时候，班上有一个女生长得不太好看，皮肤比较黑，性格也较为孤僻。于是班上的人都嘲笑她，笑话她的样貌，笑话她说话不利索。记得当时有一次，路过她的桌子看到她正在做手工，我当时内心便很感叹，可是却碍于面子说不出口。

但是，有另外一个勇敢的同学走过去笑着对她说："你编的中国结真好看，有没有时间教教我？"

我记得当时她目瞪口呆地看着对方，一脸不可置信而又激动的样子，有些结巴地说："好，好啊。"那一刻我知道，一句简单的赞美，真的会让一个人重获希望。

我曾在高一升高二的时候去了一个新班级。我本来就是一个很没有底气的人，陌生的环境让我更加慌乱。可是开课的第一天，数学课堂上，我就被叫上台做题目了。

我紧张得手心冒汗，每写一个符号，都能感觉手在颤抖。写完之后，我低着头不敢看任何人，却听到数学老师大声地说：“新来的同学做得很不错，有潜力。”

或许他是随便一说，可我当真了，让我对数学有了信心，多年以后我才意识到这就是赞扬的魅力。

赞美其实也是一种肯定，让一个人得到认可，知道自己其实并不是那么糟糕。初中那位同学，我不知道她后来过得怎么样，但是她那一刻的样子，我认为她是真的感到了鼓励，而那句简单的话，就好像一束光照进了她原本黑暗的世界。

每一个人身上都有着你看不到的闪光点，或许是才华，或许是气质，又或许是一种品格。

无论是谁，都会有至少一个闪光点，只是这个点需要你去观察、去发现。

一个平时喜欢叽叽呱呱、说话刻薄的人，很可能心肠不坏，在你为难的时候能出面帮你解围。有的人平时看起来没有一点特殊才能，上班还不认真，但是他可以从一个装配人员变成设计人员，甚至拥有专业资格证书，还能绘制建筑结构图。

常言道，人不可貌相。我们不要用表象去理解一个人，要深度挖掘一个人的闪光点。当你发现他的闪光点的时候，多夸赞，多认同。“你的厨艺真好！”“你真的好厉害，居然连这个都会！”“平时还以为他为人刻薄，没想到其实这么贴心，只是嘴巴不会表达罢了。”

表扬不一定要当着对方的面，也可以在背地里向别人夸赞他，这样当他知道的时候会更加感受到温暖。其实每个人都害怕自己做得不够好，即便是再嚣张跋扈的人，都会渴望一个认同、一个肯定。

当你看到一个人的闪光点，并表扬他时，他的内心一定是欢呼雀跃的。

人的闪光点，藏在各种方面，你要主动去寻找，告别曾经那个张嘴惹人厌的自己，去拥抱那个嘴甜而又阳光的你！

学会观察对方的闪光点，让彼此更加优秀，你的朋友会更多！

聊天时的点头是一个好习惯

小妮与朋友聊天的时候，总是给人一种无法融入聊天氛围的感觉。

一次，小妮与朋友丽娜聊到一起抄袭事件。

丽娜说："不管怎么说抄袭都是不能忍的，应该支持原创，不然原创灭绝了，却便宜了抄袭的人。又是挣钱，又是大火，白白让她们蹭了热度。"

大家都纷纷点头："是的，这个真的是很过分。可是没有办法管到观众啊，观众又不会管这个抄袭不抄袭。"

丽娜又说："没错，只能在力所能及的地方支持原创吧。原创的路又苦又累，到头来便宜了别人，真是不值。"丽娜又转头看向小妮，"你怎么没有反应啊，这件事你怎么看啊？"

小妮无辜地说："没有啊，我一直在听啊。你说的就是我的观点，所以没有什么想表达的啊。”

丽娜不解地说：“那你也可以表示一下，你有在听并且和我们观点一致啊。”

小妮瞪着双眼，反问道：“没有意见我表示什么？”

场面一度陷入尴尬，众人都有一些气愤。

假设当你说出一个观点，寻求对方的认同时，可是对方一点儿回应也没有。当你寻求答案的时候，对方还生气地怼你“没有意见我表示什么？”你是否会生气？

与人聊天的时候，你是否会遇到有些人让你很没有聊天的欲望？比如，你说话的时候，他在玩手机或者走神儿？此时你的心情一定是很郁闷，因为你再说话时，对方根本不与你认真互动，让你变成了演独角戏的人。

当你说一个观点的时候，对方没有任何回应，也会让你怀疑自己刚刚说的话是否惹到了对方，又或者说的不如对方的意，而实际上，可能只是对方没有在聊天时点头的习惯。

点头其实也代表了一种认同、一种赞同，也表示了“我在听”。一个简单的肢体语言如果再配上“嗯嗯，是的，没错”这样的话语，就会让聊天变得顺畅很多。

不然对方不明确你的态度，还要猜测或者去等你的回馈。这样聊天就变成了一个解密的现场，而不是与朋友的轻松聊天。

生活中，其实这样的情况很常见。有许多人没有这个习惯，在聊天中不会配上肢体动作，要么呆坐着，要么虽然开口了可是不够传神地表达自己的情感。

就好像一种是呆坐着，面无表情地看着你，也没有说话。一种是看着你没有别的表情与动作，便说："嗯，你说的对。"还有一种是，聚精会神地看着你，微笑着点头说："没错没错，就是这个意思！"

这三种反馈，你最喜欢哪种呢？

第一种，是事不关己，高高挂起，对此毫不关心，仿佛根本这场聊天与他无关。第二种，则让对方感到有一种勉强和敷衍，甚至会觉得听者可能并不赞同，在闹脾气。而第三种，配上微笑与点头的同时，语言上又强调了"没错"两个字，则让聊天"活了"起来，也是最有投入感的一种回复。

点头其实就是一个很小的动作，但对对方的意义却是巨大的。

我记得在上学的时候，我的老师们几乎都有一个习惯，便是点头。尤其记得高一时，有一次，我去问物理老师问题，老师给我留下的印象特别深刻。

我问了一道关于位移的问题，老师便问我："那你现在的问题是什么呢？"

我描述自己的不懂之处，而整个过程，老师都在一边点头一边“嗯嗯”，来表示我前面的分析都是对的，一直到出现我不对的地方，才会打断我，“这里不对，前面都是对的，你看……”

当时，我特别害怕自己分析的是错误的，所以一直盯着老师，看他的反应。当他给予了我肯定的时候，我才很放心地继续说下去。

有一位朋友，她是一位特别体谅人，很会换位思考的人。

每一次与她说话，她都会认真地看着我，然后点着头“嗯嗯”。当我述说一些观点的时候，她同样会点着头，“是的，你说的没错”。

即便是有时候她和我意见不统一，也是会一边点着头，一边认真听我说话。等我说完，她才会说：“你说的没错，不过呢，我觉得这不是最主要的。同时，我感觉在这件事里，其实是双方的问题，你的观点稍微片面了一点，但是对也是对的，只是深度不够。”

在表达自己观点的同时，也很好地保全了我的面子，没有让我觉得尴尬，或者被反驳得很狼狈。所以每次和她聊天，都让我感到很舒服。

聊天如果不能把你的情绪或者你的想法传达出来，那么这个聊天便失去了意义。所以无论你是否同意，都应该表达出来。

而你若是觉得因为意见一致，所以就不表达，那么对方不知道你的观点，就会对你有许多的猜测。

点头虽然是一个很小的习惯，却包含着许多意义，除了认同感、存在感之外，还会让人有安全感。

人往往对未知的事情很害怕，就好像当你分析一个题目的时候很怕分析错误，但是如果老师肢体上给了你一个肯定的回应，你便能放心地继续说下去。

同样，在工作中在与人聊天的时候也是如此，一个肯定的回复，便会让你安全感十足。

当然也会有人有疑惑："不过是一个聊天罢了，不需要搞这么复杂吧，还需要微笑，还要点头？"

其实聊天本身也不仅仅是聊天，是你生活中离不开的，是你获取信息的一个渠道，也是你的日常生活里的必需品。同样，在你交朋友、找工作、哪怕是出门买菜时，都需要聊天。这样，你还会觉得它不重要吗？

我们要让聊天有温度，让彼此都在温度中度过，而点头正好就是一个让人感到温暖的小习惯。

少泼冷水，多用激励

高三的时候，夏琳的学习成绩开始下滑，于是被班主任请到办公室谈话。

班主任本来是想让夏琳好好学习，把成绩提上去，可是开口便是："你这成绩真的很差！你现在都成什么样子了？整天都把心思放在追星上，这是高三的学生应有的表现吗？"

夏琳憋着眼中的泪水，不敢流出来，因为班主任曾经说她："你这么内心脆弱？说都不能说？还怎么提升？"

班主任见夏琳不言语，又说道："你去年级组长那里吧，我拿你没有办法了。"

夏琳疾步走出，赶紧擦掉不小心流出来的泪水。

年级组长看了看夏琳，说道："哎，我不想和你说什么，反正我看你也不可能考上一本了，你自己看着办吧。"

并不是说，有问题不能批评，但是在高三的这个特殊时期，学生本来压力就够大了，如果再被不断地数落，让一个学生完全看不到希望，这肯定是不合适的。

班主任的做法显然是欠妥的。都说，不要在低落的人面前说那些贬低性的话语，可他偏偏用这样的言辞。

当一个人遇到挫折，自信心开始崩溃，开始怀疑自己的时候，是很脆弱并且很容易深陷在悲哀与自责中无法自拔的。这个时候，如果还有人在耳边数落着他的种种不是，并且给他下一个定论“你不行！”这和给一个人判了死刑有什么区别?

别说是老师，就算是朋友也不应该泼冷水。冷水泼在一个低落的人身上，只会让他更加低落。毕竟，冷水泼在一个兴奋的人身上，同样也会让他瞬间丧失希望。

有许多人习惯性地会批评人，当人遇到难题的时候，泼冷水让人更加难以爬起来。这也是一种社会现象。你是不是也曾在生活中遇到有人对你说：“你就是不行，别再去挣扎了！”或“也许你很努力，但是我觉得你没能力。”还有人直接说：“你吃不了这碗饭！”

其实无论这些人说的是真话还是假话，这样的话语都是会让人心中充满阴霾。

并不是说，做人就要说假话，但是当一个人在面临做决定的时候，那么身边的人唯一可以做的便是支持与鼓励。每一个成功的人都是在泥潭中摸爬滚打出来的，我们不能用一句话，去随便定义一个人的一生。

生活中，总有人会在对方开心，感到希望的时候，一盆水浇灭她的希望。“哎呀，不就是一次偶然吗？你有必要吗？”

在我刚刚从事写作的时候，有一次写的小说得了新人奖，便发朋友圈说道：“真开心，第一次得奖。”

下面马上有一个自称是我朋友的人回复道：“只有你稀罕，我随便投几篇废文都能中！”

当时我激动的心情瞬间消失，只有一种被羞辱的感觉。思考了很久，我决定将她的这句话当作耳旁风，不铭记，继续走自己的路。但是说这样的话，去泼一个人的冷水，真的不是什么高尚的行为，只会让你这个人看起来比较低级罢了。

在追求梦想的路上，难免会失败，会跌倒。小杜的梦想是成为一名摄影师，可是这条路看着简单，走起来却困难重重。

小杜在这条路上一次又一次的失败，然后一次又一次地再次出发。他从什么都不懂，到自学，到成为摄影师助理。

最近他再次遇到坎坷，面试摄影师仍旧没有通过。于是他很懊恼，这时他身边的人说：“你没有这个天赋，奋斗多少年都一样，你放弃吧！”

小杜不服，问道："我学的时间本就不长，明明还有很多空间，你为什么要这样下定论？"

朋友说："有天赋的人，一个月就成功了，你呢？都半年了！半年没有收入，放弃吧，你不行！没有这个本事，就别学人家做自由职业者。我觉得你没有搞明白生活和梦想的关系，为了生活，什么工作都要能做，你有资格挑三拣四吗？"

小杜低下头，将脸埋在臂弯里，流下了眼泪。

天赋这种东西可遇而不可求，更何况，三分天注定，七分靠打拼。

一个人的努力不应该被这样贬低，对于梦想的追求也不应该这样被人践踏。成功从来不是偶然的，也不是一瞬间便能拥有的。曲折的道路才是人生本来就会经历的事，如果是一条直路，那或许才是一条不归路。

当一个人遇到挫折的时候，你却一句又一句地去伤害他，仿佛将冷水一盆一盆地泼向他，只为了浇灭他心中的火焰。

假设当你正在努力做一件事时，突然一个人没有来由地贬低你，否定你的一切努力，并且告诉你"接受现实，你不行，别白费力气了！"你感觉如何？

会不会感到天都塌了？会不会深陷绝望？如果是，你为什么要将这样的心情强行送给别人呢？

当你发现一个高三的学生成绩下滑了，正确的问法应该是：“哎呀，最近的成绩下滑得有些厉害，是不是压力太大了，要适当放松心情，不要给自己太大压力，老师相信你，下一次你一定能考好。”

当你身边的人在追求梦想的路上受阻的时候，你应当说：“朋友，其实你已经很厉害了。多少人半年都做不到你现在的成绩，你选择了这条路一定要走下去。你这么努力，又有天赋，要相信自己，不要担心，成功只是时间问题。”

无论是父母、老师、朋友还是陌生人，都不要向人泼冷水。要做一个善于夸赞别人的人，而不是做一个言语刻薄的人。

并不是批评会让人成长，鼓励会让人堕落，只要方法对了，说的话对了，鼓励同样达到有利的作用。

学会说话，少泼冷水，多用激励。

07 第七章

拥有幽默感，成为受欢迎的人

幽默是缓解尴尬的良药

办公室休息时间，小莫与同事们正在聊天，聊着各自的母亲。

同事A说：“我妈真的好过分，她现在是管天管地，还要管我挣多少钱。”

同事B接话说：“那你找到男朋友之后，她是不是管得更多了？”

同事A气愤地说：“可不是嘛？她现在天天问，你们聊了什么，干了什么，怎么干的，现在在哪儿。回去还要盘问，你们今天干吗去了？整得我头大。”

同事B十分有共鸣，毫不避讳地说：“就是，你家那个老太婆真的是管得多，约会什么的关她什么事啊。”

话音刚落气氛就变得很微妙，虽然同事A对母亲有很多意见，但是“你家老太婆”这样的字眼儿，还是会让她觉得有些过分。B此时也陷入困境，开不开口都为难，简直是骑虎难下。

这时小莫说：“哎呀，我们家母后大人更加夸张呢，连我出去买白菜，都叫我小心点，让我别把白菜拱了。”

B连忙说：“你们的母后大人都好厉害啊，哈哈哈。”

小莫接着说：“是啊，不仅如此，还把我的被单全部换成了单身狗的图样，说是为了警示我。”

三个人一起笑了起来，将这个尴尬的气氛缓解过去了。

其实有时候尴尬的气氛，并不是故意造成的，B只是嘴太快，才会失言。可无论母亲多么过分，也没有人愿意别人称自己的母亲为“老太婆”，无论她怎样经常吐槽母亲，尊重和守护也一直存在。

所以B说的话，让A不知怎么接，但是要为此而骂B，又很容易将事情变得更复杂。这个时候小莫的玩笑就如同雪中送炭，恰到好处地化解了尴尬气氛。

聊天中很容易会因为各种原因而陷入尴尬，如果不能缓解，就会让气氛更加尴尬。这样即使下次再见，都会带着一种尴尬的气息。这时最好的办法便是幽默，一个笑话就能解决这些问题。

幽默就是一剂良药，在人们上下难选的时候，它就像润滑剂一样，将这个难关滑过。如果小莫没有这样说，而是三个人大眼瞪小眼，这件事终究会成为一个疙瘩。但是为了这样的一个无心之错，而心存芥蒂，又显得有些小气。

我们可以多准备一些笑话，在需要的时候便能直接拿出来。逗人一乐，瞬间化尴尬为轻松。但是如果睚眦必报、耿耿于怀，或是针锋相对，只能使彼此更加尴尬，关系也变得紧张起来。

生活中，我们总是会遇到一些突如其来的沉默，或者一时口误让气氛凝结。这个时候不妨用一个玩笑，或者一个幽默的话语来缓解。

小妮与朋友小西一起出去玩。走着走着，小西忽然指着前方说：“看，那是什么？”

小妮忙望过去，什么也没有看到，于是疑惑地问：“什么也没有啊？”于是小妮回头看向小西，却发现小西不见了，便叫道：“小西？小西？”

过了一小会儿，小西忽然从路旁的树林里钻出来，神秘地要求小妮将手伸出来：“把手伸出来，快。”

小妮疑惑地伸出去，却发现小西将一只蚯蚓放在她的手上，吓得她跳起来大喊：“有你这么捉弄人的吗？”

小西笑嘻嘻地看着小妮：“哎呀，开个玩笑而已，别生气嘛。”

小妮气愤地再次大喊：“你神经病吗？搞这种东西！”

小西看着小妮：“那你有药嘛？小妮医生，我现在患病了，快给我药。”

小妮消了一点气，但还是有些不悦：“你确实有病！”

小西便忽然抱住小妮：“是啊，我患了离不开你的病，我们可是要做一辈子的朋友哦，快来拉钩约定。”

小妮：“你好幼稚哦。”

随即，小西甩了甩蚯蚓，说：“这是橡皮泥，不是真的蚯蚓，你不会生气了吧？”

小妮终于转怒为笑，继续和小西赶路。

朋友之间有时候也会遇到开玩笑开过了头的情况。

如果小西继续嘲笑小妮：“你这也怕？你是什么尊贵大小姐啊？”那么小妮一定会更加气愤。

争执之初，都只是有表面的生气，如果不能及时化解，便会更严重。

聊天的时候，要随时注意观察对方的脸色、语气是不是有变化。一旦察觉到对方有些生气，或者气氛尴尬，就要赶紧想办法缓解。尽量选择一个合适的，而又不会引起对方反感的玩笑。

有时候说话，会被人怼到不知下一句如何说，如果可以利用幽默来缓解一下，便会好很多。

假设，有人怼你：“不行，就你这样不行！”你可以幽默地说：“哎呀，我知道啦，有您这样的大神在，我就是绿叶，您是红花，我是为了衬花才参与的。”

别人说不让你参与，你就不参与，那是怂，不是忍让。而这样说，既将自己的决定很坚定地表露出来，又给了对方脸面，不至于让他下不了台，至于结果如何嘛，只要你全力以赴，谁赢谁输都不是问题。

如果对方输了，你赢了，你便可以说：“您一定是让我的，您看我脸色苍白，这样拼命都差点输了。”

类似的话是一种适当的幽默，如果硬碰硬，许多时候都会两败俱伤，开玩笑的方式就是曲线救国，更加迂回，也是你情商高的一种表现。

用有趣的语言，好笑的玩笑，甚至也可以把一些梗用在自己身上，使得气氛得到缓解，尴尬也就烟消云散。

幽默，是缓解尴尬的良药。

起争端时，不妨说个笑话

小莫与女朋友小云因为吃饭的事而有了争执，眼见小云面红耳赤，生气地甩开小莫的手。

小云气呼呼地说："算了算了，都别吃了！"

小莫忽然笑嘻嘻地出现："哎呀，我一想起那个表情包，就根本没法和你生气。"

小云瞪着小莫："你把我做成表情包还好意思拿出来说？"

小莫笑嘻嘻地把图片拿出来："你看，你看这个姑娘咋这么可爱呢？你看她笑得多开心。"说着又用手肘戳了戳小云，"你看啊，快看看嘛。"

小云没好气地凑过去看到自己的表情包，憋不住笑了出来："你真的很过分呢……"

小莫笑着说："我说了吧，想起这个就没法和你生气。"

生活中人与人的矛盾数不清，争端更是随处可见。大部分时候，我们无法压抑自己愤怒的情绪，伤人的话语会不自觉地脱口而出。

可是我们与人的关系，又能经得起几次这样的争执？一句话没有说好，便会将友谊、合作、爱情全部葬送，是否值得呢？

所以解决争端的最好方式就是幽默。既可以增强你的人脉，也会让你更加乐观开朗。如果总是与人起争执，斤斤计较，为了一点小事争得面红耳赤。甚至为了一时的胜利，不惜摧毁人与人的关系，这是低情商的表现，一个成功的人绝不会这样为人处世。

就像前面的例子中，如果小莫同样生气，那么两人肯定会因此而大吵一架。为了这么一件小事而起争执，结果一定是你不想要的。每一场争执都会留下难以抹去的伤痛。

有多少伤人的话语是争执的时候说出的？而幽默可以帮你化解许多矛盾，尤其是在爱情这件事上。情侣间的争执是最多的，并且大部分都是小事，可是收尾却往往是一场大战。最后两败俱伤，多不值得。

如果可以用幽默去结束，一定会缓解这个矛盾，让它在摇篮中便被扼杀。

面对伴侣与自己发生争执的时候，可以采用一些你们独有的方式来幽默。比如，像小莫与小云一样，用一个两人都知道的搞笑表情包。

和幽默的人一起生活，才会把生活变得色彩斑斓。与阴沉的人相处，生活便会变得黑暗无边。我们无法要求别人，但我们起码可以约束自己。

我们可以从说话开始，将幽默装进自己的细胞中，从而化身为幽默达人。生活中的争端太常见，与家人、同事、朋友、伴侣总会有摩擦，有争执。如果一味地争执下去，必定两败俱伤，这个时候如果有一方率先将幽默带入交流，这场争执定然能在欢声笑语中结束。

幽默的方式千万种，只要你用对了，争执自然便会解决。

小兰与办公室另外一个同事聊天，两人因为一部电影的理解而起了争执。

同事说："明明是女二号更好看，男主就是眼瞎！"

小兰生气地说："怎么会，明明是女主和男主更搭好嘛！"

同事白眼道："才不是，女主那么圣母还'白莲花'！女二号才是真性情！"

小兰站了起来，拍着桌子说："你瞎说，女主怎么'白莲花'了？看到小孩有危险不去救吗？救人就'白莲花'，难不成要整天害人啊？女二号所谓的真性情，难道就是贪得无厌，任性妄为，还蛇蝎心肠？男主那么好的人，怎么可能被那种女人骗。”

同事指着小兰说：“你有必要用这么多恶毒的词语来形容她吗？她是任性，但是有底线的好吗？她是为了报仇！”

于是两个人在饭桌上大吵大闹起来，而争执的内容不过是电视剧里的情节罢了。

生活中像小兰这样与同事之间的争执比比皆是，我曾经看见有人因为一个人对一部小说的评价不好，而与人互怼。言辞激烈到让人无法想象。

但是生活中这样的小事时常发生，为了这样的内容而争执得老死不相往来，确实不值得。如果其中有一个人可以不那么冲动，而是幽默一下，比如，“哎呀，管它什么女主，我觉得和男主最配的就是你啦，哈哈。”

虽然可能有点尬，但是会让气氛缓和，不会让对方和你继续争执下去。

或是说，“哎呀，我投降啦，我争不过你啦。”也可以缓解此时的紧张气氛，对方听到这样的话，自然也会收敛，不会再与你争辩。

人活得开朗一些，世界也会更美好，否则世界都会变得黑暗，那有多无趣。幽默是聊天中的一剂强心药，让交流更加融洽，也会让矛盾随风而散。

平时，说话可以风趣一点，不要那么死板刻薄，甚至可以适当地卖萌、扮酷，等等，让生活变得更加丰富多彩、活色生香。

就好比偶尔在彼此产生冲突的时候说，“哎呀，看你这么可爱，我就给你一个面子啰！”或者是，“你看我可爱不？”当对方说，“不可爱，你还卖萌！”你还可以说，“哎呀，人家就是要卖萌啦，卖萌不分年纪的嘛，怎么样？肉麻不肉麻？你要继续冷着脸，我可就继续肉麻了哦。”一般这个时候，对方早已对你无语，自然也不会再和你吵。

其实大部分时候，争执都是可以适可而止的，只是因为两个人都不懂互相礼让，才会让争端升级。

幽默的方式很多，可以用一语双关，可以配合动作说一些搞笑的话语，也可以列举一些我们都知道的梗，还可以让表情包来解决这一切，甚至还可以直接认输，来结束这个争端。

所以，方法千万种，不要挑最伤人、伤感情的那一句来说。做一个幽默的人，也会让更多的人喜欢你，你的人际关系也会很好。

和人起争端的时候，不要急着争辩，请幽默一点，将狂风化为微风。

安慰人时，大可敞开你的脑洞

小皮捂着肚子对男朋友说："亲爱的，我肚子疼……"

男朋友看了她一眼，淡淡地说："多喝热水啊。"

小皮本就肚子疼，又看到男朋友如此冷落自己，心里早已不爽，可更过分的是，男朋友忘记了今天是他们的重要纪念日。所有的事串在一起，小皮就更加气了，于是找朋友肉肉诉说。

"他现在真的太过分了，我肚子疼要我喝热水，纪念日装的和没事人一样。"

肉肉连忙打趣道："小主你唤奴才所谓何事？可是'大猪蹄子'的那点儿事？"

小皮心中有些好笑，嘴上仍旧说："真的过分，你说我肚子疼，他怎么让我多喝热水！他肯定是不爱我了！"

肉肉笑嘻嘻地说："小主，锅子已经架好了。"

小皮疑惑地问：“架锅？”

肉肉发了一个红烧猪蹄的食谱：“你不是在痛斥你家的猪蹄吗？我打算红烧一下，把他吃了，帮你解恨。猪蹄可是美容养颜的，不能浪费是不是。”

小皮笑道：“你个吃货，连这事你都想到吃……”

肉肉嘿嘿一笑：“吃会帮你忘记任何烦恼！让我甘愿为吃发胖！”

小皮没忍住便“哈哈哈”大笑起来，把正给她端红糖水的男朋友吓了一跳。

不开心的日子总会有，受了委屈，落了埋怨，又或是经历了伤心的事，难免有解不开的结，需要人的安慰。

安慰人的方式有许多种，在倾听开导之外，我们还可以利用幽默让难过的人先开朗起来。

我们常说“笑一笑十年少，愁一愁白了头”，生活中的苦太多，可是我们可以调制不同的心情进去。欢笑便是其中一种，让难过哭泣的人笑起来，自然会让他忘记阴霾，重新开始更好的生活，并且比说教式安慰效果更好。

其实安慰人的时候，最讨厌的便是说教式理性分析。每当不开心的时候，总有人喜欢说“就这么一大点事，你至于吗？”或“我比你更惨……”还有“你能不能成熟一点，居然还会为了这种事不开心，你是没吃过苦吧！”

本来倾诉难过的时候就是因为觉得不开心，可是每次面对这样的话语，倾诉的本人都会变得更加苦。这样的安慰方式本来就是错误的，无异于雪上加霜，让难过的人更加难过，因此，我们要拒绝说教式、比惨型，还有讽刺型的安慰。

幽默的方式则会让原本难过的人感受到突如其来的快乐，从而忘记烦恼，变得更顺心。其实小皮本来也没有很生气，更多的应该是觉得难过。如果肉肉指责她：“你真的是矫情，这么点儿破事儿就来吐槽，至于吗？”

小皮一定会觉得自己很矫情，随即会更加难过。如果肉肉说：“他居然敢欺负你！我这就过来收拾他！”会给小皮温暖，也是一种方式。

而肉肉大开脑洞的方式，会让温暖上再加入一些轻松，将渣男比喻成大猪蹄子这是网络上流行的，大家都知道。而肉肉开始说烹调，就会把小皮从原本的不开心的状态中带出来，同时还会让她感到一丝丝解恨，这样又让小皮开心，又体现了肉肉的幽默，完全是一举两得。

每个人难过的时候都是怨气最高、心情最低落的时候。最需要的便是你敞开脑洞，向他灌输一些他从来没有想过的问题或者看问题的角度。

可以开玩笑，可以是冷笑话，也可以夸张一些，目的只是让对方从原来那种心情中脱离出来。

安慰人有许多禁忌，千万不要碰。一是说教，二是打压对方，三是比惨。这样的方式，不会安慰到人，反而会让对方更加阴郁。

安慰人时，不要吝啬你的脑洞，大胆用脑洞去安慰一个受伤的人吧。

用熟知的梗，增添谈话中的乐趣

肖玲最近在工作中遇到了很多问题，为此她加班一个月，没有休息，整个人都很烦，心情也很低沉。

“我真的是快疯了，这样的日子何时是头啊？”

朋友悠悠打趣说：“没有困难的工作，只有勇敢的打工人，加油吧！”

肖玲叹了口气，说：“你这是站着说话不腰疼，换作是你，估计早就崩溃了。”

悠悠故作激情澎湃地说：“打工人，打工魂，打工才是人上人。像你这样优秀的打工人，我自愧不如。”

肖玲扑哧一笑：“我服了……‘打工人’这个梗都被人们玩烂了，但从你口中说出来，我还是觉得好笑……”

众所周知的梗有时候虽然俗套，却有一说出来大家便知道的好处。聊天中，如果你说一个梗，没有人知道，那么会很尴尬。只有你说一个梗，对方了然于心，那才是幽默。

很多梗来自网络、电视剧、电影，会让我们的聊天变得有趣。这也是为什么综艺节目中总是设置一些玩笑。

就好比当有人一直在叨唠你的时候，你可以说，“你不会是唐僧转世吧……这么能唠叨？唐僧可是能让妖怪都上吊的，你不是想让我想不开吧？”听的人自然知道你是开玩笑，是调侃他的叨唠。毕竟《大话西游》里的梗可以说大家都知道，一听到便能联想到当时的场景，自然会感到很想笑。

又好比周星驰电影《九品芝麻官》中的“尚方宝剑”，刚开始拿出来的是一条咸鱼，后来才是真的。这个梗在《捉妖记》中也有用到，像这样的梗，完全可以用在生活中。将聊天丰富起来，也增加大家的乐趣。

生活许多时候是枯燥而无聊的，而如何增添这其中的乐趣便要看我们自己了。或许你会说，乐趣与说话无关。但是，一个说话风趣的人和一个说话古板的人，你愿意与谁聊天呢？

为何当代的人们喜欢听段子？因为段子会让人感到快乐，所以说话的时候我们也一样，尽量要在话语中加入糖，让说出去的每一句都可以温暖人心。

聊天本来就是一种轻松而又解压的过程，如果变得沉闷而无聊，只会加重人的乏味程度。所以聊天的时候适量地加入一些搞笑的事情，也是可以让大家笑口常开的。有时候甚至会让人觉得你学富五车，有一个有趣的灵魂。

知识渊博而又善解人意、幽默风趣的人自然朋友会很多，这也就是人格魅力。

一个幽默的人永远是受欢迎的，没有人讨厌一个开心果。说话中不仅需要避开一些禁忌，还要注意在话语中尽量加入能加分的项目，以提升自己的人格魅力。

用熟知的梗，增添谈话的乐趣，简单而又有益，何乐而不为呢？

08

第八章

你的心胸决定你的交流水平

敞开心扉，不要总是抱怨生活

小雅原本有很多朋友，可是辞职之后，她越来越沮丧，每日的朋友圈都是黑暗的色调，跟人说话也每句都含抱怨。

有一次，小雅的好姐妹回国，想要与她好好叙旧，两人约好第二天见面。

第二天，好姐妹小米看到小雅的时候，小雅仍旧是愁眉苦脸。小米便问道："小雅，怎么这么不开心？"

小雅则开始了她喋喋不休的抱怨："哎，我倒霉死了，辞职几个月也找不到工作，现在已经是山穷水尽了，谈了几年的男朋友也和我分手了。"

小米安慰她："今天出来，我请客！你一定要痛痛快快地吃一顿，我们可是有一年没见了啊。"

小雅听了这话依旧是苦瓜脸："现在真的是做什么都觉得没

劲，我对吃的也不感兴趣。我爸妈现在都不肯支持我了，他们也觉得我没用。你说这是个什么社会，像我这样的人找不到工作，反倒是没什么用的人，都混得很好。”

小米有些不开心地劝道：“今天难得见面，先别想这些，尽情地玩一天再说。”

小雅忽然发难一般：“玩，玩什么玩！我哪有钱玩！你们这些人根本不懂我的痛苦，你是来笑话我的吗？”

小米自然也就不能再忍了：“我高高兴兴地约你出来，你从一开始到现在一直一张苦瓜脸给我看，还在这里各种抱怨，就你这样当然找不到工作！算了，你回去吧，我凭什么一定要听你的这些抱怨！”

小雅很是郁闷，回到家又抱怨道：“现在闺蜜过得好了，也嫌弃我拖后腿了。”

生活纵使虐你千百遍，你也不应该将这些抱怨全部散播给你的朋友。当对方约你出来玩的时候，你应该暂时放下这些负能量，因为没有人有义务看你的苦瓜脸，听你的牢骚。

有些人总是抱怨自己孤身一人，其实这也和他自己总是将抱怨挂在嘴边，整天满满的负能量有关，因为这样会让人对他望而却步。朋友都被他的抱怨逼走，他的好运自然也会被抱怨吓走。总是全身充满负能量，又怎么可能会有一个光明的未来？

抱怨永远不能解决问题，世界上难题千千万万，世间比我们痛苦的人也多的是。为何那么多的人可以凤凰涅槃？不是因为他们本来就是凤凰，而是因为他们能够咬牙坚持，努力生活，而不是抱怨生活。

生活很苦，生存很累，我们每天都要面临许多问题，但我们要心中充满阳光。

如果你总是向你的朋友、同事、亲人，甚至是陌生人去吐苦水，也会对他们的生活造成一定的影响，甚至会让你身边的人都想远离你。

世界上有那么多美好的事物，生活中也充满了崎岖与颠簸。山重水复疑无路，柳暗花明又一村，只是你没有向前走，而是滞留在荆棘区抱怨你的人生，诉说着你的不如意，告诉所有人，你每天都过得不开心。

刚开始你也许是为了一种宣泄，可是久而久之，到了小雅这种地步，早已成了一种习惯。将责任都怪罪到其他人身上，仿佛是别人将你变得不幸，于是你抱怨，你狂吼，可是你却忘了，丢失的是你自己，从来不是别人。

生活中像小雅这样的人其实很多，也就是我们称为负能量的人群。几乎每个人身边都有，他们每天都在诉说着不公平。

自己生活不好是社会不公，自己不能升职是领导不公，自己不能如意是老天不公。为了一件小事，他们也能与人诉说一天。他们的脑子里装着所有的不幸，一点幸运也没有。

以前我有个同事，总是抱怨着生活。有时候可能是因为食堂的饭菜不好吃，他会意见很大：“都是些什么玩意，真的是难吃。”还会问别人：“你知道食堂吃什么吗？又吃南瓜，天啊，我都要变成南瓜了。”

或者是申请完项目觉得经费少，他又会说：“我这个项目这么复杂居然经费比小徐的还少，他那个就照着弄一下，那么简单。真是搞笑，我不想做了，做不下去了。”

或者是没有涨工资：“这个制度太垃圾了吧，这每天就一百块？天啊，在这里待到退休估计也就这么点钱。”可是他只是这样抱怨，却从来不会选择辞职，也不会努力学习进步。

诸如此类的事太多太多，几乎每天他都有不开心的事，于是每天他都在散发着负能量，让身边的人更加不喜欢他。

其实，生活是有许多不公平。就好像你天生不是富二代，绝对的公平世界从来都不存在，如果你为了这些而抱怨社会，真的不值得。

与其天天抱怨，不如花时间来丰富自己，让自己变得优秀，让自己变得更强。人生的道路不会一帆风顺，谁也不是一步到位。这些挫折都是经历，而不是需要抱怨的事情。

抱怨从另外一个方面来说，便是心胸狭隘，不够宽阔。如果你可以敞开心胸发现生活中的美，看到你的机遇，或者用这些时间积极努力，你的人生就能看到光明。

这世界永远是这样的，你越抱怨往往越惨。你越是吐苦水，就越是觉得心里苦。

契科夫曾说："你们只要没有活到大难临头，就不要抱怨，不要发牢骚！样样事都会发生，人事是千变万化的。比方说，你现在无声无息，什么也算不上，如同一粒沙子，一粒葡萄干。可是，谁知道呢？说不定，时机一到……你就交上了好运了！什么事都会发生的！"

世界便是如此，只要你敞开心扉，去接纳这些挫折，将它们化作努力的动力，总有一天成功会如约而至。

心胸狭隘，话语伤人

小英还没毕业便找到一份很好的工作，单位是上海的一家上市公司，无论待遇还是职位都很不错。而且那会儿小英喜欢的学长也向她表白，一时间小英的生活简直就是人人羡慕的。于是在脱单的那天，小英邀请室友们吃饭。

谁料，一位室友却阴阳怪气地说："谁知道你的工作怎么来的？还有那位学长，可是学校知名的才子，怎么会喜欢上你？真的是好男人都逃不过你这种'白莲花'的手心啊，反倒是我们这种勤恳、老实的好女孩没有人要……"

小英心中听着很不爽："你有什么不满就直说好吗？你有必要这样侮辱我吗？我怎么得罪你了？"

室友耸了耸肩："没有得罪我啊，不存在得罪吧。毕竟你这么优秀，这么好看，这么一帆风顺。我怎么敢说你得罪我啊，我说话是无心的，你别在意啊。”

小英想着也快毕业了，没有必要伤和气，于是说：“算了，走吧，去吃饭。”

谁知道那位室友又说：“也不知道是谁，当年追了小刚，又把小刚甩了。你说说你到底是怎么做到的？让男人这么为你着迷？”

小英忍不住说：“你说够了没有？”

其实很明显，这是室友在嫉妒小英，觉得她工作顺利，爱情顺利，可是自己却事事不顺，于是心中不爽，便用难听的话伤害小英。可在话语中，却尽显她的心胸狭隘，以及人品低劣。

一个人的心胸有多宽，某种程度上意味着这个人能走多远。一个为了自己的一些不满而说话损人的人，注定是没朋友的，也注定了没有办法成功。如果不改变，在面试中也同样会显现出她的心胸狭隘，因为这是掩饰不了的，只要开口便能让人看出来。

生活中，我们时常会被人泼冷水，被人用刻薄的语言羞辱，或者遇到一些不爱换位思考的人，其实从很大程度上来说，追踪根源是因为心胸太小。

为什么这样说呢？当一个人总是泼人冷水时，大概率是因为这个人自己不太成功，不太顺利，而当他看到别人在这条路上奋进，小有成绩的时候，他便会有一些嫉妒。

试想，一个海纳百川的人，怎么可能动辄斤斤计较，又为什么要刻薄人呢?

人常说相由心生，实际上嘴上说的也是心里话，为什么有时候你毫无防备的时候说出去的话往往最伤人？因为它体现的往往是你心中那一刻最真实的想法。

心胸的宽广其实体现在许多方面，除了嫉妒之外，还有的便是说话中充斥着挑刺。总是会寻找别人的不足，看到他人做得不好，然后为此斤斤计较，喋喋不休。

若说要如何改正，那么自然是要打开心胸。就好比小英的室友，如果她很冷静、理性地分析，便会知道小英为什么能有如此成就。

大学四年，小英是起得最早的那一个，晨读、晨跑，吃了早饭回来还会为室友带饭，几乎天天如此。平日里更是将课余时间拿来读书，不管是专业还是非专业书籍都读了不少，同时，她还是学生会副主席，本就如此优秀，那样的结果不就是她应当的吗?

如果室友明白这些，话语之间便也不会充斥着讽刺，而是说:“小英，你是怎么做到的？能不能教我几个自律小妙招？”便会显得很有趣，而又带有一定的赞赏。一个人的成功，本来就值得赞赏，为什么一定要用语言对人进行羞辱呢?

小布一直梦想当作家，于是一直投稿子，可是屡屡不中，当他感到迷茫甚至无望的时候，他的一篇文章被选中。于是他高兴地发朋友圈，恨不得告诉全世界，他离梦想又近了一步。

但是这个时候，他的同事却说："你刚发表一篇有什么好激动的？"

小布说："这可是一个突破。"

同事又说："那也没有什么好激动的，能写你这样文章的人多了去了。你可不能发表一篇就把自己当作家，你还差得远了……"

小布顿时就有些蔫了："你不要这样说好吗？"

同事再次贬低道："整天不务正业，想学人家当作家，真是好笑。就你一个装配人员当什么作家？也不看看你的学历……"

本来很开心的小布，再次低垂着头，心里也开始怀疑自己。

其实我们都知道，爱泼人冷水的人，都是心胸太小的人。不然为何总是喜欢让开心的人，瞬间变成霜打的茄子呢？

或许是嫉妒，又或许是不愿意看到别人为了实现梦想而获得的进步，因为这会让他们觉得自己好像与人有了差距，于是便会出言打击对方。当然还有一种是能力比对方强，但是害怕对方的潜力，于是打击对方。当然也可能根本没有那么多为什么，就是因为见人好就不舒服，只想打压而已。

说出来的话伤人，一定是心中所想的内容伤人。这是心病，需要自我救赎。面对人生，面对朋友，面对生活，我们都应该积极阳光，渴望身边的人都过得很好，才是应该有的生活态度。

不要让心胸的狭隘限制了自己的发挥。就好像一个人本来是夸赞你："你真棒，我觉得你真的很厉害，这个技能很难的。"可是你却觉得对方是挖苦你，于是你怼对方，"你是在挖苦我吗？我知道你厉害，但是不要在我面前炫耀好吗？"但是这样的话让一个真心称赞你的人听了之后，一定是伤心的，并且再也不想夸你。

所以做人一定要心胸开阔，尽量多去用美好的眼光看这个世界。试着去放开那些你在意的小事，比如，少与人吵架一次，多夸人一次。当你生气的时候也请记住要冷静，理性客观地去分析一下，对方的那句话，是否值得你发火。

用理性去控制情绪，别让情绪掌控你，你自然会冷静许多。人一旦冷静，就不会再那么冲动，说的话自然也不会那么伤人。

学会宽容别人，不要总是为一件小事而斤斤计较，让自己每天进步一点，心胸也会越来越宽广，生活自然也会越来越好。

鸡蛋里挑骨头，只会显得你尖酸

有一次，我去一家米粉店吃饭，突然听到有个人喊：“老板，你给我过来看看！”

老板闻声应道：“怎么了？”

那人又吼道：“你看！你这个卤里为什么肉这么少？”

老板看了一眼，有些无奈地道歉：“我这就给你再加一点儿。”说着拿着勺子挖了一勺，“这样可以了吗？”

那人仍旧不依不饶：“你看，你们店里还有苍蝇在飞！卫生怎么这么差？”

老板很无奈地问道：“那您想要怎么样？”

那人满脸的尖酸：“我没有想要怎么样，就是想让大家知道你这家店不合格！”

其实这样的人我们在书中看着觉得可笑，但是现实中确实真的存在的。无论你做得如何，他都能在中间挑出问题，并抓着你的问题不放，一直把你逼进死胡同才会罢休。

有时候你会发现，无论你做得多好，总有人在一旁说你做得不好。也许你的方案已经很好了，可是会有人说，“你的这个方案真的是烂到家了。你看，这里是什么意思？”

又或者，你的剧本可能写的没有什么问题，但是喜欢去找问题的人，便会故意曲解。比如会问你，“为什么男女主角一定要风餐露宿？受伤了干吗不往回走？”看似很有道理的问题，却毫无逻辑可言。作者的设定一定是有他的理由的，而你只是为了靠挑毛病来显示自己的厉害罢了。

生活中，这样的情形在所难免。我也曾遇到过甲方鸡蛋里挑骨头，我不得不加班赶工，给出了不下十种方案，但对方并没有采纳，而是反复质问为什么周日不上班。比如，甲方会因为我没有及时回复消息，直接质问我：“你是不是不想干了？你怎么这么久不回复消息？”随即，又转手拨通了我老板的电话开始投诉，但那时已经是半夜十一点。

这样的人都善于将问题放大，将小事夸大，将程度加深，然后添油加醋，把这件事无限放大。其实对于这样的人，相处一下便会知道是他的格局有问题。

格局是每个人都绕不开的话题，不仅表现在生活作风中，同样从说话上也可以看出一个人的格局。如果他总是尖酸刻薄，鸡蛋里挑骨头，那么他就是一个小气且没有格局的人。

有时候你会说：“可是他就是有问题啊，为什么还非要我说他好？这不是不诚实吗？”

事实上并不是这样，顾城曾说：“黑夜给了我黑色的眼睛，我却用它寻找光明。”有的人能在黑夜中寻找光明，可有的人却在光明中寻找瑕疵。所以能否看到美好的事物，靠的是人心、是眼力、是格局。

心态是最重要的一个因素，如果心态是积极阳光的，你的心就会宽广，不会狭隘地总是以小人之心，度君子之腹。

小若与小云是同一个办公室的同事，经常有工作交接。

一次小云刚刚将文件交给小若，小若便责怪说：“天啊，你怎么做的文件？这样你也敢交上来？你看看这个表格，都没有对齐！”

小云有些尴尬，伸手想要回文件：“那我再弄一下。”

小若又满脸嫌弃地说道：“啧啧，你能干好什么？你还打了错别字。居然把‘是’打成了‘四’，你真的读过书吗？怎会犯这样的错误？”

小云很尴尬地站在那里，明明是同级却好像领导训下属一样，这让小云很是不舒服。

小若又说："还有这个地方，你搞的什么？这个地方是不需要填的！"

小云有些不高兴，便嘀咕道："还有什么问题吗？"

小若翻了一页，大惊道："你连一个页码都不会设置吗？如果不会，上网搜一下教程会不会？你还大学毕业生呢？"

小云忍无可忍地说："我们是平级，你没必要对着我一份只是用来核对的表格指指点点，说这么多问题！"说完，便转身回了自己的座位。

小若看着她的背影，又吐槽道："啧，说两句就受不了，真的是玻璃心，好脆弱哦。"

也许小云的表格确实有一些小的问题，但是既然只是核对，便是用来检查的，自己核对过便没用了，这种表格其实根本不需要页码之类的标注。而且有问题自然可以说，但是要注意语气和说话的方式。用指导对方、调侃对方，教训的语气，谁又会愿意听？

更何况，小若有些地方完全就是鸡蛋里挑骨头，因为她自己也未必能够避免。有的人就是这样，如果不能找出别人的问题，自己就不爽。而这样的感觉，来自她的格局。

如果你也遇到了这样的情况，完全可以委婉一点，给对方一个台阶，也别让自己显得那么尖酸。你可以说，"这个字是不是不太对？哎，你把页码漏了，平日你那么细心，今天这是怎么了？”

加入一些缓和气氛的语气、语言，才能更好地与人相处。也显得你心量大，不是一个尖酸刻薄的人。

生活中，大家都讨厌挑刺儿的尖酸人，因为相处太累。而这样的人又因为他的眼里没有任何美好，总会让人心情不好。

其实在学会说话之前，就应该先修身养性。做个淡然乐观的人，而不能做个悲观灰暗的人。纵使生活有再多的不愉快，也不要只看别人的缺点。

人人都有优点，只是或许没那么明显。让自己格局更大，放得更开，是一个人必要的修养。

如果你无论是对待亲人还是陌生人，一开口便是挑刺，那你真的要从心底制止这样的行为，并且努力改正。

多用美好的眼睛看世界、看别人。鸡蛋里挑骨头，不会让人觉得你能力强，只会显得你尖酸刻薄。

说话也需要大格局，别让自己当井底蛙

老乌是个老员工，由于资格老、年龄大，所以总是在新来的员工面前装作自己什么都懂。新来的小月正在休息的时间看旅游方面的攻略，老乌便看着小月的电脑说：“你想出去旅游啊？”

小月转过头笑着说：“是啊，这不是十一有七天假嘛。”

老乌便开始了自己的叙说：“哎，不要去黄山，那个地方没有啥特色，就是一座山。也不要去海边，海边真的就那样，我去过好几处海边，真的没啥特色。”

小月不解地问：“那有什么可以介绍的嘛？海边我还是很想去的呢。”

老乌便说道：“你算是问对人了，我可是走南闯北的，祖国大好河山，我去的地方多了去了。北边的长白山，南边的三亚我统统去过。”

小月很兴奋地问道："是吗？长白山你感觉怎么样？"

老乌喜滋滋地说："我还看到了天池的真面目，那地方真的很冷呢。"

小月饶有兴趣地问："那你没有去一旁的延边走走吗？"

老乌茫然地问道，"延边？那有什么好去的？"

小月诧异地问："你都去了吉林了，不知道延边吗？延边朝鲜族自治州啊，很有特色的。"

老乌尴尬地说："哦？是吗……"

其实老乌根本没有去过长白山，也没有去过那么多处海边，不过是看了一些景点介绍的文章，就装作都去过，就是为了在新来的人面前摆足自己是前辈的样子。

这是一种自卑，因为没有去过，因为不懂，反而想让别人觉得自己什么都懂，于是说话便会不懂装懂。

还有的时候我们会遇上一些这样的人，当你和别人在讨论或者聊一个话题的时候，他会突然出现说道："哦，这个啊，我知道。"

但是实际上你要是让他仔细说，他一定会说得牛头不对马嘴。这也是说话没有格局的表现，一个懂格局的人，是不会用不懂装懂来抬高自己的。

生活中许多方面都会体现一个人的格局，说话上也不例外，从聊天的内容上就能知道这个人的格局。

如果总是斤斤计较，将一些小事挂在嘴边，或者总是卖弄自己的那点知识，又或者是命令对方，等等，很明显这个人的格局不会太高。还有一些人习惯批评别人，总是说别人的不好，这也是格局小的一种表现。

记得以前上班时，有个同事蓉姐便习惯说别人的不好，并且还喜欢命令别人做事，而她自己根本没有资格要求别人去做什么。

有一次，一位同事穿了一件连衣裙，戴了一副耳环，她便说："啧啧，你这个裙子真丑。还有这个耳环，是什么廉价的东西？你怎么好意思戴出来？"

蓉姐的话，让那位同事很尴尬，但蓉姐仍旧不依不饶："你有时间花心思打扮，还不如多跟几个单！干工作没看你认真，在这种东西上还挺用心。"

那位同事的脸色都成了猪肝色，却也不好反驳她，只好忍气吞声。

还有一次，另外一位和蓉姐不是同部门的同事，由于工作原因被迫和她有业务往来。蓉姐居然直接指着这位同事说："这件事你赶紧给我搞好，不然我要上报。"

这位同事很无奈地说："这不应该是我们部门负责的。"

但是蓉姐依然当着众人的面说："你还顶嘴？让你做就赶紧的，耽误了事你能负得起责任吗？还不赶快去？"

蓉姐就是这么一个说话咄咄逼人的人，而且几乎没有听到过她夸赞过谁，平日里她总是趾高气扬地对着所有人，就好像时刻想要告诉大家，她的地位很高，她的水平很高，她的穿着都是又贵又好看的。

人总是越是觉得自己有什么不足，越是喜欢挑别人的刺，或者说话怼别人。一个有格局的人，会将眼光放长远，而不会纠结在这些小事上，更不会为了抬高自己而与人交恶。

更何况，这样对别人，反而显得自己更加低级。真正富有的人，不会天天鄙视别人的首饰是地摊货，也不会质问别人的衣服是不是大品牌。因为在他的眼里，早已不用靠这些表面来包装自己。

说话也是如此，一个有格局的人，不会随意评论别人，或者开口闭口都是难听的话。说话本身就是一种为人处世的方式，一个会说话的人，一定是个有格局的人。

每个人都有自尊，不愿意听到别人用命令的口气跟自己说话，更不愿意总被别人批评。

即便是领导也同样，总批评下属其实是最无效的方式。朋友也是如此，不要觉得批评会让一个人进步最快。有时候恰恰相反，每个人都有自尊，都有没有底气的时候。如果你总是施加压力，让他怀疑自己，可能导致他什么也做不好。相反，如果你能适当地鼓励，他反而会进步。

所以，如果你想让对方进步，采取贬低的方式肯定是无效的。当然更多的时候，是因为你的格局太小，才会让你说话不顾及他人的感受。

其实想要改变很简单，那就是多换位思考，说话前想清楚，不要急着开口。

每个人都有优点，要学会寻找人的闪光点，而不是总盯着对方的缺陷。提升自己的格局，多读书，多出去走走，结交更多的人，让自己的知识库扩充，也让自己的眼界拓宽，格局自然也会随之增大。

说话也需要大格局，别让自己成为井底之蛙。

笑容是一剂良药，缓解聊天的尴尬

朋友阿研曾和我说起过她的一段相亲经历，听完后，我感觉尴尬至极。

阿研告诉我，男方是亲戚介绍的，据说工作还可以，有车，无房。第一次在微信上聊天的时候，男生不知道说什么，便问朋友阿研："你洗澡了吗？"

阿研有点尴尬，回复道："还没有。"

于是男生又问道："我正准备去洗脸，然后洗脚，你知道洗脚要注意什么吗？"

阿研惊呆了，随之问道："注意什么啊？"

谁料，男生就此展开了对洗脚的研究，"洗脚要用木盆，还要放生姜……"过了十分钟，仍旧喋喋不休地说着洗脚的事情。

阿研对我说："我当时很尴尬，真的……后来见了他真人，我更是无以复加的尴尬……”

两人见面吃饭时，男生问：“你玩游戏吗？”

阿研点点头：“玩啊，怎么呢？”

男生摇了摇头，没有说话，过了一会儿，又问：“你玩游戏吗？”

阿研只好全程微笑地看着他。

阿研和我描述当时的情景：“我真的是全程都在尴尬而又不失礼貌地微笑，导致一顿饭之后我的脸都僵了。”

我听完都有一种隔着屏幕的尴尬，很长时间都缓不过神儿来。这个男生的聊天方式真的是让人无法把气氛活跃起来。

在当代，尴尬最常发生的地方大概就是在相亲桌上，由于两人的相见原因以及方式，往往会引发不少闹剧。

比如，对方说话很轻浮，会说“美女，怎么样？你看我还是很好的吧”；或者拿着4000元的月薪，却有着2万元的高调，“你必须要月薪过万才配得起我”。

这种时候，尴尬的情形让人很想离开，可是为了介绍人的面子，为了体现你的礼貌和格局，只能坚持听下去。而面对这样的话语，唯有微笑可以缓解。

微笑其实是个百无禁忌的法宝，在哪里都不会错。微笑会给人温暖，也会给人一种肯定的感觉。

我曾在路上遇到一个小姐姐，她长得其实很普通，可是她带着微笑走过去的样子，那种气质和优雅，在我脑海中难以挥去。

或者是，第一次与人见面，你紧张到手足无措。当对方伸出手来向你打招呼的时候，你一时间嘴巴跟不上，可以先把微笑与手亮出来，再配上一句“你好”，便足够了。

微笑就像是万能的解药，能解除你任何尴尬的情况，也可以缓和气氛，让严肃或者沉闷的氛围变得轻松、愉快一些。

我记得有一次去面试，当时特别紧张，面试官要我自我介绍。一时间，我紧张到直接忘词，脑袋空空如也，不知道自己想要表达什么，甚至不知道自己是来干吗。

面试我的是个小姐姐，就在我磕磕巴巴地说着依稀记得的内容，眼神开始有些慌乱的时候，她突然对我微笑着说：“别紧张，就当是在聊天。”

她的微笑就像一缕阳光照亮了我的心田。于是我试着将心情抚平，去想自己究竟要说什么。

还记得有一次，老板在办公室里，而我也正在办公室。人事部的同事跑过来，很大声地说：“老武来的时候你叫我一下！”

我尴尬地指了指身后，而老板则在身后传来一声“在”。

同事瞬间有些尴尬，转而乖巧地说：“武总，你在啊。”

老板则是笑嘻嘻地看着她：“找我什么事？”脸上没有丝毫

责怪她的样子，也没有生气，好像早就默认了这个称呼，同事的紧张感顿时消解，心情也明显舒缓了许多。

这种时候，人总是会因为处于紧张的状态，一时间自己都不知道应该怎么办，以致进退两难，无论本人说什么都会让自己觉得尴尬，感到害怕。

但是如果对方回复你的是一个微笑，言语间不带有丝毫催促或者责骂的语气，你的心情便会放松，不会再像弦上的箭一样，绷得紧紧的。

同时，对方给你微笑，你也可以回复一个微笑，告诉对方，“你接收到了信号”。微笑的交流，就会让交流更加流畅，氛围也会更加舒缓。

试想，一个人无论嘴里说的是什么，都是一张苦瓜脸。你是否会感到舒服呢？是不是自己的心情也会跌入谷底？

这便是微笑的力量，能让你在黑暗中重见阳光。

记得我第一次在公司当主持人，很紧张，以至于报同事名字的时候连连报错，话音刚落，我便知道自己说错了。

这时，台下老板与老板娘都笑着看向我：“太紧张了，没事没事！”

于是我赶紧笑了笑：“不好意思啊，念错了名字，我重来。”

正是因为大家的笑容，让我没有尴尬得像是在台上等待审判。反而将这个小插曲变成了活动上的小玩笑，让所有的人都开心地笑了起来，而我则避免了尴尬。

其实生活中聊天说话的时候，难免会遇到尴尬的场面，怎么处理便成了关键。如果你任由尴尬延续，那便只有尴尬。如果你大声斥责，便是让尴尬变成了让人不舒服而又加深矛盾的事。

这个时候微笑是最好的方式，只需要你嘴角轻轻上扬，便能让双方都脱离尴尬。

笑容是一剂缓解尴尬的良药，请时刻携带，不要丢弃。

说对方想听的，而不是你想说的

翠翠是办公室新来的同事，刚刚大学毕业，还是个不谙世事的女生。

她想与同事们增进关系，于是经常没话找话说。看到某位同事新写的公众号文章，她便评论道："刚刚看了你发表的文章，总感觉好像有些问题。"

这位同事有些不爽地问："怎么了？"

翠翠便开始口若悬河："嗯，结构不好，语言不通顺，整体读下来不知所云。你还是重写吧，否则的话我觉得读者不会多的。"

同事只差给她一个白眼，一句话也不回复她。为此翠翠还很委屈："我给他提意见，怎么还不理我啦？有这么拽嘛？"

还有一次，看到另一位同事发微信朋友圈，内容是爆炒小龙虾的视频教程。

翠翠看到后，说："你这个做法不对，问题很大。虾头没有去掉，虾线也没有去掉，调味料不全，简直是毁了这道菜啊。"

其实一个人发表文章，说明他胸有成竹，对自己很有信心，并且渴望人们的赞扬。而一个人在微信朋友圈晒美食，一定是希望你称赞他的厨艺，或是赞赏他热爱生活。而不是让你去指点，告诉他哪里做得不够好。

就好像当你在朋友圈晒一张自拍时，一定是渴望别人称赞你，"长得很好看。""你又去哪里玩了？"而不希望别人嘲讽你，"你又胖了？""你P图太明显了吧？"

当你与一个人聊天、找话题的时候，你的话题点一定要找对。当你想要与一个人熟络，又碰巧看到他晒旅行照时，便要配合他想听到的去说。

"你出去旅游了呀？去了哪里呀？"而不是"你又出去浪？真有钱！"

确定重点再开口，而不是任性地随意开口。否则，你一定会碰一鼻子灰。没有人喜欢听与自己的意愿相违背的话语，但一定会接受自己喜欢听的话语。

每一场聊天都是有目的的，无论是闲聊还是商务谈判，开口便是为了传达一种信息。如果你想让自己的目的没有偏差地实现，那么就要在交流时明白对方内心想的是什么。

有些人说话只考虑自己，觉得说话就要畅所欲言，干吗要想那么多。可是，你是否想过，既然说话是给别人听的，那么你的任性言论又是为了什么呢，难道就是为了让对方不爽吗？如果是这样，只能说明你没有格局；如果不是，那就要注意说话的内容，要契合对方心中所想，这样才能事半功倍。

曾经我就不懂这一点，记得有一次在朋友找我诉苦的时候，我对她进行了理性教育。

那一次，天天找我诉苦，说："我妈又来逼我相亲了，我快烦死了。"

我却回复："不是挺好吗？我妈还不给我安排相亲呢……"

她很生气地说："我早就跟她说了，不要给我安排相亲，但是她就是不听，动不动就给我安排。她甚至不问我的意愿，就妄自给我安排了，最后只是通知我去一趟。你说有多烦？我真的不想去！"

我十分理性地说："你妈妈也是为你好啊，你妈妈安排的还是要认真对待的，不然浪费了她的苦心，不是吗？"

天天直接气急败坏了，"她好心？她选的都是自己喜欢的，自己感觉好的，根本不是我想要的。她从来不问我想要什么，就按照自己的标准去挑。上次我都和她说清楚了，不要给我安排相亲，我很烦。她都答应我了，结果呢？今天又给我来一个，整天上班就已经很烦了……”

我依旧理性地说：“你妈怎么会不是为你好，你看在她的心意的分上，还是认真地对待吧……”

后来天天不理我了……再也没有找我说过生活的事情，成为我朋友圈里一个安静的朋友。

也是很久以后我才知道，我当时太不顾及她的感受，过于理性地去教导她该怎么做，而没有去考虑她当时最需要的是安慰，所以最后让她发现跟我说不通，便不再找我。

其实当时如果我说：“别生气了，要是真的不想去，干脆就别去了，你妈妈应该也不会真的逼你去，毕竟你还不大嘛。”或许，她便不会不理我。

所以在这里就很明显地看出来，当你没有理会对方意愿的时候，不仅这场聊天会不欢而散，还会让你们的关系自此破裂。

说话确实是一门艺术，不仅要礼貌恰当，更要注意观察对方。揣测对方心里的态度，然后顺着她的想法去说，才会是对的聊天方向，否则你就是聊天终结者。

或许你会问，“可是她明明是错的，为什么要夸？”

这个问题本身就有错，小龙虾的做法有错与对吗？本身就没有，因为那是她的做法与吃法，与你无关。更何况，没有人规定小龙虾必须怎么做，所以你这是将自己变成了审判者，在斥责对方，自然会遭白眼。

如果你觉得这样的做法不好吃，可以换一个方式：“小龙虾我也超喜欢吃，不过我的做法和你的不太一样。”如果她对你的做法感兴趣，便会向你请教；如果她不感兴趣，你又何必去扫人的兴呢？

你可以通过对方说话的内容、发布的状态，或者是行动和表情，去分析对方到底渴望听到什么。然后对症下药，说该说的话。否则你为了和对方交朋友而夸赞，只会马屁拍在马腿上。

说话之前，要先想清楚再开口。说对方想听的，而不是你想说的。